為何戀情總是不順利？

從陌生走向親密關係的 **14** 道戀礙謎題

AWE情感工作室‧導師

亞瑟

人的生存從一開始誕生，是無法選擇的，但人成長之後，就擁有權力決定自己，與自己的關係是所有關係的根源，本書很誠懇的揭示了明確的方向。

——李崇建

如果你一直困在想愛卻又無法好好愛的迷宮當中，那麼愛自己是你人生唯一的出口。作者雖不是本科出身，但所倡導的概念和心理學有異曲同工之妙！這本書將會顛覆你對於「兩性專家」的看法，理性面對你真的恐懼的問題、提供有效的思考邏輯，而不只是呼呼而已。

——海苔熊

亞瑟讓我了解感情問題背後的原因，從剛開始失戀的徬徨、沒有安全感、沒有生活重心，經過幾次的練習，嘗試表達出自己的情緒和需求，不再患得患失，慢慢懂得照顧自己，開始有了各種想嘗試的事物，真的很感謝亞瑟：）

——女，30 歲

當我每天開始傾聽自己、滿足自己的需求之後，對伴侶產生不滿的情緒竟然減少了，我發現我更能清楚劃分什麼是自己的課題。以前總覺得伴侶一定要做到某些行為才是對的，現在不這麼認為了，兩個人相處起來舒服才是最重要的！

——女，28 歲

每個人都是獨立的個體，有獨特的價值，只有說出來，雙方才知道彼此的需求，才能在時間的累積下，建立出對的關係。了解自己愛自己，就會吸引想要的。

——女，35 歲

亞瑟讓我面對內心深處對愛情的困惑與傷痛，並耐心尋找適合的方式來解開這些埋藏許久的因，我們在未來的感情可以結出更美好的果。

——男，29 歲

亞瑟會針對不同的體質及故事，給予不同的藥方及功課；心結一個個打開、恐懼與不安越來越少，我有信心可以變成健康的大人。

——女，29 歲

沒安全感跟人際關係障礙是一直以來的課題。試著用亞瑟建議的方法，我開始願意主動跟人接近；不再問塔羅牌關於喜歡的對象的問題；跟喜歡的男生相處變順利、自然而然關係往下一階段前進；認識多年的哥們開始示好；男客戶表現出想更進一步認識；突然桃花大開的感覺！

——女，28 歲

目錄

Part.3 ──── 分手後

目錄

前言

　　和上一本書《從左手到牽手》的一整套流程不同，這本書是由一個個單元所組成的。《左手》寫的是如何從初認識一個異性，到與之交往的整個過程，而這本書寫的，則是人們在戀愛關係之中，所會遭遇到的問題。

　　這一個個的單元，彼此之間有些關聯，每個問題一環扣著一環，沒有任何一件事是能夠完全被獨立出來的。例如習於討好別人，多半也會有溝通上的問題，而發生衝突時，也往往是用自責的方式來懲罰自己；而總是遇人不淑的人，也常常都無法單身、無法忍受寂寞，有些人是分不了手，有些人則是不斷地更換伴侶。

　　這些看似毫無關聯的現象，當我們深入探究之後會發現，其實都是由同一個源頭而來——那就是你和自己的關係。只要你不喜歡自己，你的感情就會跟著發生一連串的問題。

我不知道你是抱著什麼樣的心情翻開這本書的，或許你只是好奇，也或許你現在正面臨了一個窘境，也或許你的關係或本身已經到了崩潰邊緣。

不管你的想法是什麼，我都想讓你知道，你不是孤單一人的，這世界上不是只有你一個人遇到了這些戀愛中的鬼問題。我也不是一個在感情裡一帆風順的人，否則也寫不出這本書。

我遇到的問題，可能比大部分的人都還要多，畢竟我的一生裡，有一半以上的時間在談戀愛，說好聽點叫經驗豐富，說難聽點叫夜路走多了總會遇到鬼。

一開始我也對自己所遇到的種種問題不以為意，什麼沒辦法跟對方溝通啦、很難提分手啦、孤單、沒安全感、容易自責……等等，我都一直認為那就是我的個性，並不是什麼問題。

但在我最後一次失戀時，我真的覺得受夠了。不管那些到底是不是我的個性，它們都對我造成嚴重的困擾了！它們一次又一次的破壞了我理想中的關係，不是讓我喜歡的人不喜歡我，就是讓我想要好好交往下去的對象離開我，我不能再這樣下去了，一定得找個方法來解決這件事。

為了徹底解決這些問題，我花了三四年的時間探索，那些發生在我身上的現象，究竟是怎麼一回事？它們從何而來？是不是只有在我身上發生？而我又該如何克服？

　　最初，我像無頭蒼蠅一樣，不知道自己到底該從何著手，只知道我的內在好像出了點問題，但我連我的問題是什麼，以及該如何被稱呼都不知道。我甚至無法上網 google 這些問題，畢竟我連關鍵字要打什麼都一片茫然。

　　走頭無路之下，我開始向朋友們探聽各種跟感情問題有關的解決方法。在朋友們提供的各式各樣的資訊裡，我幾乎可以說是無差別的嘗試。畢竟，你知道的，一個連關鍵字要打什麼都不知道的人，還能要求什麼呢？

　　所以在這三四年間，我花了許多精力、時間跟金錢，嘗試各種可能可以根除問題的方式，但每每都遇到了許多的挫折。

　　在整個探索的期間，每當我以為自己解決了一個問題，就會有別的問題浮上檯面。當我不再討好以後，卻開始變得容易指責別人；**當我不再逃避溝通後，卻發現我根本不知道要怎麼好好說話；當我不再花心劈腿後，才赫然發現自己不知道怎麼經營一段關係；當我想要好好進入一段長久關係時，**

卻怎麼樣也無法喜歡上別人……。每次當我以為自己已經好了，滿懷著信心想投入新的生活，卻屢次受到現實回饋的打擊。一次又一次下來，常常都是意志消沈的。

這時候我才發現，感情中的任何問題，從來都不是獨立的。每一件事都與另一件事有關，一個想法可能會帶動十個行為，而這十個行為，則是我們肉眼可視的影響關係的原因。這就像身體中的每個器官，都需要其它部分的合作，才能讓我們持續活著一樣，要維持一段好的關係，也必須透過我們內在無數的信念、想法、情緒、能量、行為一起運作，才能完成。如果我只是繼續頭痛醫頭，腳痛醫腳，就只是單純的改變我的行為，這對於根治我的問題，是沒有幫助的。

所以到最後，我開始去研究這些行為、想法、感受生成的根本原因，最終我發現的原因，就是前面說的——**你喜不喜歡自己，或用另一個比較專業的說法：自我價值。**

接下來如果你往下翻閱，你會發現，我在書裡把事情講得好像都很輕鬆，但坦白說，在我的實作過程裡，經常痛苦得想放棄。有時候我都會想：「為什麼只是想談個戀愛而已，要把自己搞得這麼累？難道一輩子不定下來，永遠遊戲人間不行嗎？我為什麼一定要選一條這麼痛苦的路來找自己嘛

煩？

　　現在想想，真的很感激當時的自己沒有放棄，否則現在的我，就沒有機會體會到，原來人生可以這麼快樂。

　　為什麼會說自我價值是最核心的關鍵呢？因為在感情裡，最難解的莫過於，有太多雞生蛋蛋生雞的問題，把每個環節都扣在一起，不斷的混淆著我們的視聽。

　　舉例來說，很多人在戀愛裡最大的問題就是沒有安全感。由於他們缺乏了安全感，所以他們必須看到、聽到對方做了某些事，才能讓他們感到安心。但當他們越是要求對方得去做符合他們期望的行動時，對方的壓力就越大，而對方壓力越大，就會越想逃離這段關係，於是就開始出現疏遠、敷衍、不耐等等的現象，而這些現象又會讓當事者本身感到沒有安全感，所以必須索討更多。最後，這樣的狀況就形成一個負向循環，直到他們分手。

　　在這樣的狀況下，人們不管把注意力放在哪裡，問題都很難解決，因為大家都知道，不能一直去跟對方要求什麼，否則只會把人家越逼越遠。但即使知道了這個道理，也沒辦法控制自己的不安全感作祟，最後不是勉強自己，來換取關係表面上的安寧，就是回到重複的循環裡。

為了跳脫出這樣的循環，我們得做的事情，是去尋找這些問題的源頭，而源頭往往都藏在更久更久之前，那些我們還沒接觸到戀愛時的經驗裡，那就是家庭關係。

　　大部分的人其實都不知道，自己的家庭關係是如何影響自己人生的，尤其當自己的家庭看起來並沒有太大的問題時，更是如此。

　　來找我的學生裡，家庭真正明顯有嚴重問題的，其實只佔非常少數，大部分的人都是在外界看來正常，甚至環境很不錯的家庭中出生的。在這種看似正常的家庭裡長大的孩子，會比家庭有嚴重問題的人更無法理解自己出了什麼狀況，最後只能認為是自己有問題、覺得自己不好，所以事情才變成這樣。

　　其實家庭帶給我們的影響，不僅是我們所得到的資源，更多的是父母的行為模式與信念。當我們從小就接受某些觀念後，這些觀念就會變成我們的價值觀，然後不斷趨使我們做出重複的行為，不論我們到底喜不喜歡這些行為，在我們意識到以前，都很難改變。

　　每次在和學生談話的過程裡，一定會發現他們和自己的雙親有些相似的地方，甚至根本就在重演父母的關係劇本。

母親很情緒化的女性，很容易在關係裡也這樣對待自己的伴侶；父親只知道工作，不知道怎麼與家人相處的男性，在談戀愛的時候，也非常容易將工作、經濟視為自己在家中的唯一責任，而逃避與家庭相處的障礙。

像這一類的狀況，都不是會讓人們覺得「這人好有問題」的事，所以比起家暴、負債、性侵，這類的問題更容易被忽略，但不代表在有這樣狀況的雙親照顧下的孩子，就是健康又平安的。

所以當我開始邀請學生們去處理這些個人問題及家庭問題時，大部分的人都無法理解這跟談戀愛到底有什麼關係？人們總是以為戀愛問題是個獨立的科目，卻不知道，其實人生中所有事情都息息相關，每件事情必然會影響到另一件事，只是影響的範圍與程度的差異。

而在學生們開始練習處理這些問題後，慢慢的，原本看似無解的事情開始出現了轉機，這些轉變是過去他們想都不敢想的。他們有些人從不敢拒絕情人不合理的要求，到能夠捍衛自己的權益；有些人從活著不知道自己的人生意義，以為生命必須建立在戀愛關係上，到現在覺得自己不用依附他人，就能建立起快樂的生活；有些人從一直執著於傷害自己

的對象，到現在可以放下讓自己痛苦的感情；有些人從沒有安全感，會一直胡思亂想，到現在能夠勇敢的去確認對方的意思，也不再害怕別人是否會討厭自己。

雖然在一開始的時候，每個人都很艱難的學習著這些過去沒有處理的課題，但在一次又一次的努力之下，他們都得到了比他們原本想像更豐碩的成果。

我很感謝他們願意去嘗試，他們的結果讓我知道，這些方法是有效的。

因為我畢竟不是本科系，所以我並沒有像心理系所的專業人士一樣，有這麼深入的學術了解。但也因為這樣，我對於可能有效的方法可以說是來者不拒，我所吸收的，不僅是各種心理學的治療方法，也有很多身心靈的、非傳統的方式。畢竟當時，我只是一個想療癒自己的人，對我來說，自己能不能好起來才是最重要的，用什麼方法我根本不在乎。

或許這也是一種幸運，讓我能有更多的機會去體驗各式各樣的方法，並且去判斷它們適用於何處，最後才有辦法寫出這本書。

我知道這本書無法涵蓋所有感情中的問題，畢竟「關係」是一個如此龐大的議題，實在無法收錄在這麼小小的一本書

裡。但我將多數人在「吸引」、「交往」、「分手」這三大階段裡，最常遇到的問題陳列出來，希望能解決掉多數人所面臨的困境。

我也知道，一定還有很多更好的方法是我所不知道的，所以我並不是以一個治療專家的角度在寫這本書的，我是一個過來人的身分，告訴你這些經驗。

這些經驗和方法對你來說有沒有效，我也不知道，畢竟每個人的狀況都不盡相同，必定有許多細節是我無法在一本書裡說明的，但我相信，它多少都會對你有幫助，只要你願意去嘗試它。

我必須坦承，這本書的內容不會讓人太舒服，因為我不是抱持著寫雞湯的心情在寫這本書的，我想要的是真正的解決你的問題。

面對問題總是令人痛苦的，但當問題解決之後所收獲的結果，卻是任何事都無法比擬的。你會發現人生是快樂的，關係是穩定而踏實的，心裡不再沒有安全感，即使面臨困難也有去面對的勇氣，與對方在一起不再只有激情，而是深厚情感的累積。

最終你會建立起一個屬於你自己的，獨一無二的生活。

如果你曾經面臨過一些問題，甚至現在就困在問題裡，但不知道在 google 搜尋裡打上什麼關鍵字，那麼就繼續看下去吧！我想在這裡，你會得到一些答案的。

Part

1

♥

交往前

很多人以為自己交不到男／女朋友，是因為自己不幽默、不帥不美、不夠有錢或有才華、不夠溫柔體貼、不夠會撩，所以努力尋找各種資料，或是上網找文章影片，希望透過學習，得到更多追求異性的技巧。

　　但不知道為什麼，即使學了一些方法，這些方法不是效果不如預期，就是明知道該怎麼做，卻無論如何也做不到。例如文章裡說，不要太快回覆對方訊息，但你可能就是很急、很想跟對方聊天，無論如何都忍不住；又或是說，影片裡教你不要執著、不要有得失心，但你就是很在意、就是很想跟對方交往，根本沒辦法控制自己患得患失的心情。明明理智上都知道，但身體跟情緒就是無法配合。

　　到最後，你不是覺得人生絕望，就是覺得那些文章影片

都在鬼扯，只是無聊的雞湯，毫無參考價值。

多數人都習慣把交往前後，看作是兩件事，認為交不到另一半是因為沒魅力，交往後吵架或分手，則是因為其它原因（例如無法溝通、興趣不合）。但大部分的人不知道的是，交往前的問題和交往後的問題，常常都是由相同的原因所構成的，只是每個人問題顯現的方式不同，才導致問題出現在不同的階段。

因為某些問題導致難以進入交往關係的人，即使交往以後，也很容易因為相同的問題，造成關係的破裂，例如交往前就很常疑神疑鬼的人，交往後仍然會很沒安全感，並不會因為取得了名份，而徹底解決沒安全感的問題。而那些交往前看起來沒問題的人，也不代表他們交往後就一定一帆風順，只是他們的問題在交往前能夠被隱藏得很好罷了。

如果你已經嘗試過許多吸引的技巧，卻一直無法如願以償的進入交往，那麼請你趕快看下去，或許就能找到你想要的解答。

P.S. 如果你根本還沒找過太多方法，那你也可以參考我們另外兩本書《從左手到牽手》，以及《是男人沒有眼光，還是妳不懂得發光》，或許會讓你有不同的啟發。

為了你，
我忘記了自己

討好

　　當我們喜歡上一個人，多半都會想對對方好、希望看到對方開心，這些都是人之常情，我實在很少聽到希望對方難過、祈求對方不好的。當然，這裡指的不是已經分手後的狀況，分手後很多人都希望前任過得不好。

　　大部分的人在戀愛的時候，即使是希望對方開心，也仍然會留意自己的需求，不至於讓自己太過委屈，所以關係通常都能保持在尚算均衡的狀態。

　　但有些人不是這樣，他們在希望對方開心的同時，會徹底的忽視自己的需求及感受，為了滿足對方、討對方歡心，

自己的想法、感覺，在這時候就變得完全不重要了。每當我看到這種狀況，幾乎就可以大膽斷言，這個人在這段關係裡，大概是要吃鱉了。

為什麼這麼說呢？**很關心別人、很在乎別人、很體貼別人不好嗎？這些不都是大家渴望的另一半的特質嗎？**

原因是這樣的，當我們過於重視別人的感受及需求，而忽略了自己時，關心就不再是關心，體貼也不再是體貼，它變成了一種討好，一種**渴望透過犧牲來換取被愛的方式**。

我們用個簡單的例子來看，就不難發現其中的道理。大家應該都有吃過麥當勞的經驗吧？有時候我們看到朋友的薯條，會想吃一根，不見得是因為很餓，可能只是嘴饞，在這個狀況下，如果對方很殷勤又積極的把整包薯條塞給你，跟你說：「你吃啊！都給你吃，我不餓。」但你卻一邊聽到他肚子在叫，這時，你大概會有點尷尬、不知所措，或是心裡想著：「呃，不用這樣啊，你不是很餓嗎？而且我只想吃一根。」你不會因此而感激對方，覺得他忍著肚子餓，心地善良的把薯條全都給你，你只會覺得壓力很大、很沒必要。

本來，如果他只說一句：「你要吃嗎？」然後分給你，你們的分食動作就可以皆大歡喜的收場，但因為他做得「太

多」了，反而讓你覺得不自在、覺得好像搶走了別人的食物，但又拒絕不了。

這就是討好的形態──**透過犧牲與被需要，建立「不會被丟棄」的安全感，並且試圖換得對等（或少一點也沒關係）的愛。**

討好的人並不少見，因為這是被社會風氣所鼓勵的一種生存姿態。父母都希望小孩聽話乖巧，而當孩子抹煞了自己的發言權及需求時，就能符合父母的期待，成為一個唯命是從的人。這樣的孩子在年幼的時候不會被批評，親戚長輩們都會稱讚他是個乖孩子，既懂事又聽話，父母們也會引以為傲。而聽話（抹煞自己的需求）等於被愛的公式一旦成立，這個孩子就會在往後的人生裡，遵循這樣的模式行動，也就是我們所說的成功模式。

這種方式在我們年幼的時候多半不會出什麼問題，因為我們希望得到肯定的對象，大部分都是高高在上的權威者，例如父母、老師、長輩……等等。比起生活目標單純的孩子來說，這些人都是日理萬機，當然希望一切越順遂越好，所以他們不會對於孩子的順從與討好，有什麼負面的感受。

但等到我們年紀漸長，同儕、朋友、異性開始成為生活

中重要的一塊時，問題可能就開始浮現──**為什麼我對別人好，別人卻不領情，甚至會傷害我？**

隨著年齡增長，我們的生活範圍變得越來越大，比起孩提時單純的生活，我們會遇到更多人際關係的問題。有些人在成長的過程裡，遭遇了令人難過的事，例如被排擠、霸凌、戀情被拒等等，都會讓他們懷疑自己的存在價值，甚至興起「自己是否不存在比較好」的心情。但他們想不通，這些事為何會發生在自己身上，除了「自己不值得被愛」以外，他們找不出其它的解釋，所以也無法調整。

在這種情況下，部分的人討好的行為會變得更加嚴重，他們對於自己的存在越不認同，就越不會尊重自己的感受與需求、越願意傾盡全力配合他人，只為了確保自己不被討厭。

雖然每個人都不喜歡被人討厭，也極力想爭取被人所愛，但還是有表現形式上的區別。討好的人將自己的價值建立在別人對待自己的態度上，所以他們才需要聽話、服從，否則他們就得不到愛。而為了力求別人的認同與讚美，他們多半都具備高度察言觀色的能力（一個人的察言觀色能力往往與他生長環境的不穩定性成正比）。他們比別人柔軟、有同理心、懂得傾聽、體貼、細心，要達到這些條件，高度的環境敏感度是不可

或缺的。

高度的敏銳是一把雙面刃，高度敏銳能讓人迅速的發現他人的情緒，以及環境的狀況，但如果當事人無法釐清，別人的情緒不見得是自己造成的，那麼他們就會把別人的高興與否，和自己的價值做連結。

因此，慣於討好的人受到他人影響的程度非常明顯，明顯到讓人覺得跟他們說話必須小心翼翼，否則他們就會因此受傷。他們不知道的是，這樣的狀態，正是難以吸引到喜歡的對象的最大原因。

關於「遇到喜歡的人就會失常」這點，普遍上的解釋都是——得失心太重——這是個既籠統又精準的說明。雖然我們知道了「得失心太重」這個原因，卻鮮少有人提出得失心之所以太重的原因，以及根治的解決方法。（這點在後面的章節會提到）

但如果我們將「喜歡的人」與「父母」作類比，其實很快就會發現這是怎麼一回事。

就像前面所提到的：討好的人渴望父母的愛，所以他們採取了乖巧、聽話、貼心等等的方式，來試圖贏得父母的讚賞。他們判斷自己值不值得被愛的依據，是父母的回應，一

旦父母給出的評價不是正面的，他們就會受到打擊，並且修正自己的行為。但如果父母的回應是讓他們覺得自己有價值的，那麼下次他們就會再讓自己重複同樣的循環。

　　這件事套用到感情裡也是一樣，「喜歡的人」與「父母」，對我們來說都非常重要，而越重要的人對我們的影響程度自然也越高。當我們越在乎一個人，就越渴望得到來自他的愛，得到他的愛會讓我們產生極大的喜悅感。但喜悅與恐懼是一體兩面的，你能從對方身上得到多大的快樂，當你得不到時就會產生多大的痛苦。而這些痛苦會讓我們連帶回想起過去那些傷心的經驗，以及認為自己沒價值的記憶。

　　為了避免失敗，討好的人就會在此時最大化運轉他們的討好機制，因為這是他們最有把握的成功模式，與此同時，為了觀察自己是否有做出符合對方期望的行動，他們的敏銳度也會到達顛峰。在這兩者同時運作的狀態下，他們會小心謹慎注意自己的一言一行，並且留意對方的每個訊號，然後進行討好的行動。而這些因素，最後導致他們**不斷過度放大每個正面訊號以及負面訊號**，然後不斷透露出自己的價值建立在對方回應上的事實，於是產生了對方很難喜歡上他們的結果。

如果你剛好是這種人的話，我有些過來人的經驗想分享給你：

我從小就是個膽小又敏感的孩子，我的家庭環境雖然不算太複雜，但對於一個七歲小孩來說，也稱得上是動盪了。

在單親家庭裡成長，一定都會聽到身邊的大人說：「你要懂事一點、聽話一點，爸爸一個人帶你們很辛苦，你要幫忙他。」所以我在很小的時候，就形成要懂事聽話與體諒的觀點，認為這樣才是乖孩子，乖孩子才是好的，才會被人喜愛。

在這樣的觀點下，我變得只知道要把別人的感受跟現況放在第一位，因為在我的概念裡，「體諒」等於必須接受別人有他的理由和苦衷，不論我有什麼情緒，我都得接受他們不是故意的。

久而久之，我變得很難察覺自己的情緒，有什麼需求也無法開口，我總覺得只要我說了，就是不懂事、不體諒。但即使我一直忽略自己的感受，也不表示我的感受就真的消失了，它還是存在，只是被我用壓抑的方式控制著。

到我大一點以後，我開始有些喜歡的女生，我想接近她們、跟她們的關係變好，但卻不知道該用什麼方法。我只能讓自己很善解人意、很體貼、很照顧對方，如果用一個比較好了解的名詞來形容我當時的行為，大概就是「工具人」吧！

但你也知道的，工具人通常不會有太好的下場，我的感情路在當時實在是不順利。不管再怎麼努力表現出自己好的一面，對方仍然沒有給我我想要的愛。

所以我能理解，當你面對自己喜歡的對象時，心裡的那種緊張、不知所措、希望被人喜歡的心情，以及被拒絕時，心裡的挫折、沮喪、受傷的感覺。

你可能會以為不被喜歡是你的錯，因為你不夠好，所以別人才不喜歡你，但事情並不是這樣的。別人是否喜歡你，很多時候跟你好不好一點關係也沒有，只是他們不知道該如何跟你相處。所以有問題的並不是你本身，而是你的應對姿態──你太不在乎自己了。

善解人意、體貼、細心，都是很棒的特質，你不需要因為幾次的失敗經驗，就全盤否定掉自己的特點與能力。你該做的事情，不是消滅這些東西，而是增加一些新的成分，用來平衡自己與他人之間的天秤。

而這個你該加進去的東西，就是你的感受與需求。

或許在過去，你總是不好意思說出你想要吃什麼、想要去哪裡，你怕這會讓別人覺得你不好相處，所以你都說：「我都可以。」於是你不斷勉強自己忽視自己的渴望，只為了配合別人來取得安全感。

現在，你可以試試新的方法：試著把自己的想法說出來。當大家在討論想去哪裡玩時，即使你想去的地方跟大家不一樣，你也可以提出來看看。

說出自己的想法，當然也有可能被拒絕，但至少它會被看見。如果連你都覺得自己的想法是不重要的，而不提出，別人怎麼可能會覺得它是重要的呢？

為了不再過於討好別人，你需要學會說真話。

說真話對於建立自我價值有著極大的幫助，而說真話有三個原則：一，不欺騙——不欺騙他人與自己。二，不包裝——不將自己的情緒以其它情緒的方式展現，例如明明難過卻表現出生氣。三，不攻擊——不攻擊對方也不詆毀自己。

當你能以這樣的原則來闡述自己的心情與想法時，自我價值就會提升，因為至少在你說出口的同時，你認同了自己，所以你才敢選擇將它說出來。而當能做到認同自己，也就表

示你做到了自重與自尊，久而久之，你將不再需要大量的依賴他人的認同來生存。

說真話不一定是個萬靈丹，我們無法期望別人因為我們說了真話，也跟著說出自己心裡真正的感受，或是一定順著我們的想法。然而，雖然我們無法決定別人的行動，但我們最少能決定要不要尊重自己。

從討好的慣性模式中離開，是條非常辛苦的路，因為討好在社會裡是一種被大力讚賞的方式。當我們決定不再討好別人、想過自己的生活時，往往是渾身發抖的，因為我們不知道是不是會因為這樣的決定，而落入糟糕的處境之中。

但既然你會翻開這本書，我相信對你來說，現在的日子並不那麼好過，否則你何必花時間看它呢？既然如此，或許給自己一個機會，嘗試看看與先前不同的方式，反而能得到跟過去不同的結果也說不定。

願為你放棄一切，
但你卻不願回頭看我一眼

為什麼喜歡的人
不喜歡我

「為什麼我喜歡的人都不喜歡我？」在我擔任情感導師的四年來，可能聽過這個問題幾百遍了。

在我踏入這個行業以前，我一直以為這個問題，大概只有外在條件不佳、不擅言詞的人會遇到。但正式進入這個領域之後，我發現有這個困擾的人，不分男女，有很多人都是條件不錯、談吐打扮也還得宜，也有追求者的。

我記得最清楚的例子，是一個很漂亮的女生。

當時，我們的粉專剛成立不久，按讚數只有兩千多人，

這個女生個人的臉書追蹤人數，就大於我們整個粉專的按讚人數。這個女生長得既漂亮、身材又好，也很擅長聊天交朋友，個性直率好相處，追她的男生非常多，但不知道為什麼，她喜歡的男生就是不會喜歡她。

不僅是女性，男性的部分，我也遇過一個很極端的案例。

這位男性是個非常斯文有禮的人，身高雖不到頂高，但也過了大部分女性對於身高的標準。長相雖然沒有特別出眾，但打扮非常得體，講話又幽默風趣、懂得拿捏分寸，又非常多才多藝，堪稱十項全能。除此之外，他還非常富裕——當時的他為了追一個女生，毫不猶豫的買下一台 Lexus 的驕車，因為他覺得開瑪莎拉蒂太高調。

即使他的條件這麼好，有非常多想追他的女生，但他仍然遇到了「喜歡的人不喜歡自己」的問題。

「為什麼喜歡的人不喜歡我」是個很難的問題，大部分的人都將這件事的成因，歸咎於所謂的「得失心」——因為太在乎結果，所以反而讓自己失常。

但如同前面說過的，「得失心」是個很籠統的說法，而且即使知道了這個原因，也沒辦法解決任何事，唯一解套的方法，似乎只剩下「不要那麼喜歡對方」、「讓自己同時有

多條線，不要把雞蛋放在同一個籃子裡」。這些方法確實能在一定程度內，有效緩解人們在面對喜歡的人時，所產生的緊張感，但當喜歡超越了一個程度，人們往往會全心全意地，把心思都投注在同一個人身上，這些方法也就不再管用了。

在我看來，「得失心」是個表層的原因，而**「得失心」的生成，不僅是因為自己的選擇少，更重要的原因則是──人們透過這個喜歡的人，來定義了自己。**

在說「定義自己」以前，我們先來說說「潛意識」這玩意兒。

「潛意識」這個名詞，相信大家不陌生。在心理學的活躍之下，現代人大多都知道，人的大腦分為「意識」和「潛意識」兩個部分。「意識」是我們所知道的、感覺得到的，可以說是想法、念頭、感覺，凡我們能感知到的部分，就稱之為意識。而「潛意識」則是深藏在意識之下，人們無法輕易察覺的部分。它包含了我們不願承認的自己、曾經發生過，卻淡忘的事情、內在的信念，以及強大的直覺等等。凡是我們不願讓它浮到腦海裡去清楚意識到的，都會藏在潛意識之中。

這些我們不想知道的、不想承認的，並不會因為我們的否定就不存在，但在日常生活中，它的確很有可能被我們巧

妙的掩藏起來。只是，一旦發生重大的刺激，我們的意識有太多東西要處理的時候，就沒有餘力去掩蓋那些平時不會出現的事物，這時，它們就像衝破封印的鬼一樣一湧而上，把我們整得慘兮兮。

而我所謂的「定義自己」，就屬於那些平常被我們藏起來的部分。

在我的上一本書《從左手到牽手》裡，有一個很重要的概念——**每段關係都是自己跟自己關係的反射，當你和他人的關係出了問題，表示你和自己的關係也必定有問題，只是透過你和他人之間的問題來提醒你。**

那麼這和「定義自己」又有什麼關係呢？

這樣說吧！你有沒有發現，每一件你重視的、在意的、無論如何不想失敗的事情，都讓你有特別嚴重的得失心？例如大學考試、上台演講、工作面試、與大老闆會談、和喜歡的人相處……等等，只要你越在意，你就越緊張。

你可能會說：「這是當然的啊！因為我想成功啊，當然會緊張！大家不都是這樣嗎？」那你有沒有發現，當你越緊張，你就越無法發揮出原有的實力？而你之所以會失常，原因就是你說的：想成功、想做好、想表現好。

在我們所處的世界裡，幾乎到哪都提倡著：「好的才值得被愛。」不管是人還是物品都一樣，這點我們在很小的時候就透過大人的反應學習到了。

從小，我們只要表現得乖、聽話，大人就會稱讚；只要在學校成績很好，或是受到老師表揚，回到家父母就會嘉獎；只要得獎了，或是取得了某個地位，所有人都會很高興，而我們也因此感覺到自己的價值。

相反的，如果我們不乖、胡鬧，就會挨罵挨揍；如果成績不好，或是被老師討厭，就會得到比較差的人際關係，以及父母失望的表情；如果在各方面都表現平平、庸庸碌碌，我們就絕對不會得到風雲人物的待遇，父母也不會有什麼期待，更別提給予獎勵了。

在我們從小到大所獲得的體驗裡，「表現好就能夠被愛」幾乎可以說是天經地義的道理，所以人們都拼了命的想要讓自己在某些地方表現得好，以換取在世界生存的一席之地。一旦面臨了「自己可能不好」的狀況時，我們就會感到恐懼，因為不好就是沒有價值的，而沒有價值的人，當然不能被愛。

因此，每個人心中都有一個理想的自我，那個理想的自己能夠得到所有人的喜愛，所以我們不斷在現實生活中，扮

演那個自認為理想的角色。一旦無法達到理想中的樣子，就會感到羞愧，認為自己不夠好。所以在我們面對到極大的壓力情境時，緊張的感覺就會油然而生，那是一個考驗的時刻——證明自己到底夠不夠好。

所以，「得失心」與其說是「想得到某個東西」，不如說是「想確定自己是有價值的、值得被愛的」，我想會來得更貼切。**「得」，指的是被愛的資格；「失」，代表的是不被愛的可能。**

而面對喜歡的對象也會有得失心的原因，則是因為：大部分有這個問題的人，都會認為自己喜歡的對象是「好的」，而自己只要配不上這個「好的」，就表示自己是「不好的」，「不好的」就是沒價值的、不值得被愛的，因此否定掉自己的價值。他們無法將「喜歡」視為純粹的喜好，畢竟在他們的世界裡，「好的」才能被喜歡，所以凡是他們喜歡的部分，都會被解釋為「好」。在有「好」作為比較的前提下，他們也會去檢視自己有哪些地方屬於「好的」，可以被人喜歡，有哪些地方屬於「不好的」，可能會造成別人的不喜歡。只要他們發現自己的「不好」，就會想要極力隱藏，所以在與喜歡的人相處時，會變得特別彆扭、緊張，也會想刻意營造

出某種形象，或是刻意呈現自己認為有魅力的一面，導致對方覺得和他們相處很無聊、不自在、平面呆板，於是得到了他們不想要的結果。

要解決「喜歡的對象不喜歡自己」的根本方法，除了吸引的技術層面以外（請參閱《從左手到牽手》），心態面的穩固，靠的其實就是由內在建立自我的價值，也就是所謂的「自我價值內求」。

要做到這件事不容易，它是個人生課題，大部分的人其實不願意為了談場戀愛，而讓自己進入這麼艱辛的修煉之中。

但這不僅是為了「談場戀愛」而已，它還攸關了人生的快樂與否。如果無法從內在建立自己的價值，那麼人生主導權將永遠握在他人手中──當我們得到別人的認同，就感到快樂；當遭受否定，就感到痛苦，甚至自我質疑。我們不可能確保別人看待自己的方式永遠是正面的，這表示我們終其一生都得戰戰兢兢的活著，時時刻刻追求完美與進步，否則就有可能失去被愛的資格。

我不知道對你來說這樣的生活如何，但我覺得很痛苦。如果我的一生都無法做自己想做的事、說自己想說的話、忠實的為了自己活著，必須為了顧慮他人對我的看法，永遠都

無法自由，對我來說，這樣的人生真的很沒意思。

𝄖

　　如果你和我一樣，想過著自由並忠於自己的人生，那麼你可以參考下列的作法，它們會為你帶來一些幫助：

　　首先你要知道，每當我們感到緊張害怕的時候，幾乎都不會是沒來由的。在緊張的同時，我們必定會看到一些影像、聽到一些聲音、想起一些畫面。這些看到聽到想到的東西，是構成我們緊張害怕的最大原因。

　　所以要克服害怕，第一步就是試著找出那些讓你緊張的、鞭策你的、攻擊你的聲音或畫面，具體的認出它們。

　　如果它是聲音，仔細聽聽看，它都說了什麼？它對你說的話可能是「你就是不行」、「我早就知道你做不到」、「你好糟糕」、「沒有人會愛你」、「你真是癩蛤蟆想吃天鵝肉」、「你不配活著」、「你要更努力，不然別人就會超越你」、「你要成熟獨立，不能讓人擔心」……等等。仔細聽著這些話，把它寫下來，一句一句清楚的寫下來，然後去想：「這是誰

告訴我的？」

　　這些原本你認為是自己想法的話語，在你細想之後，有可能會發現，它們其實是你身邊的人曾經告訴過你的，例如你的父母、老師、朋友、喜歡過的對象，甚至是網路上的一篇文章。不論是誰說的，總之那不是你自己。

　　發現這些聲音不是自己的，是很重要的一步。過去我們之所以會被這些聲音牽著鼻子走，是因為我們誤以為它們是自己。人很難跟自己吵架，或是辯駁自己的論點，這會讓我們覺得自己好像精神分裂。

　　所以只要你能認清那些聲音的源頭不是自己，你就能把它們視為一個你以外的對象，與它們拉出一段距離。只要有了距離，你就能選擇是否要遵從那些聲音的建議，還是要叫它們閉嘴。

　　我有一個學生，某次跟我說了他因為倉促，而下了一個不智的決定。我問他：「你在害怕什麼？是什麼東西逼得你不得不趕快行動？」

　　他想了一下，跟我說：「當你問我這個問題的時候，我想到我那時候的感覺。那時候我好像看到我媽，一手扠著腰，一手指著我的鼻子，對我說：『你看看你！每次都不早點把

事情辦完，現在才要做，所以才會來不及！你就是這樣！就是不聽我的話，最後才會把事情搞砸！』當我一看到這個畫面，心裡就想：『我一定要證明我沒有錯，就算我現在才去處理這些事，我也可以憑著我的聰明才智把事情辦好，才不是像妳說的這樣！』所以我才這麼急，急著想證明我可以。」

如果他沒有停下來意識到，那個在催促他的聲音來自何處，他就會一直被無形的壓力跟腦內的聲音追趕，然後不斷的做出倉促的決定。但只要他意識到了，那個在追趕他的，是他腦子裡的母親，並不是他自己，那麼他就有機會讓自己在做決定以前踩煞車，好好想一下這是不是自己要的。

所以你得搞清楚，那些在追趕著你、恐嚇著你的，究竟是什麼？沒有什麼比未知更恐怖了，只要你看清楚那藏在黑暗迷霧裡的聲音、畫面，和那個你所恐懼的，你就能鎮定下來，為自己做出選擇。

這個方法套用在感情裡，就是：當你能意識到那些告訴你你不夠好的、責罵你的、警告你的，到底是誰？你就能選擇是否要聽從他的指示，還是要跟他說聲：「謝謝你的提醒，但我想做出別的決定，而且我會為自己負責。」

當然，在建立自我價值的漫長旅途之中，我們仍然會遇

到對象、仍然會想談戀愛，總不可能等到八十歲建立完成之後，才去找個伴吧？所以如果你在遇到對象時，功課還沒做完，還是容易受到影響，那麼你可以嘗試另一個簡單一點的概念，幫助你緩解焦慮感。

這個簡單的概念就是——把「好」替換成「我喜歡」。

前面我們提到了「人們會把自己喜歡的部分，認為是『好』的。因為有『好』的概念存在，所以『不好』也就相對的出現。」既然如此，那麼我們就直接把「好壞」給抽掉，用「喜好」來代替，事情就會變得比較簡單。

舉例來說，我討厭吃香菜，但我並不會因此覺得香菜不好，或是不喜歡吃香菜的自己很不好，因為香菜就是香菜，就是有些人喜歡有些人不喜歡，跟它好不好一點關係都沒有。在這個概念下，「吃不吃香菜」變成了一種個人的喜好，而不是絕對的評價，也就不會有任何人，因為吃不吃香菜而感到受傷。

同理，你喜歡一個人是因為他的某些地方讓你喜歡，而不是因為他很「好」。「好」跟「喜歡」一樣都是主觀的，你認為好的，別人不見得覺得好，所以你覺得不好的，別人也同樣不見得覺得不好。既然好壞是如此的不絕對，那麼你

只要把你喜歡對方的部分，視為你的喜好，就可以降低你對自己「不好」的恐懼，畢竟你也不知道對方是不是口味特殊，偏偏喜歡那些你覺得自己不好的地方。

把「好」替換成「喜歡」，是個簡單的作法，但它仍然很難跟我們心中根深蒂固的信念抗衡。所以，它充其量只是個暫時應急的急救箱，對於長期的關係發展，幫助實在不大。

「喜歡的人不喜歡自己」，絕對是步入交往關係前最大的問題，而自我價值則是最核心的原因，但每個人仍然各自的展現形式，有些人是指責，有些人是討好，有些人則是根本不敢喜歡別人。關於這些更細節上的分類，在後面的內容中會有更詳細的說明，但請你記得：「所有的歪曲的枝芽都是從樹幹上長出來的，你必須治好你的樹幹，才能確保枝芽好好的生長。」同理，所有的問題都來自你和自己的關係，也就是自我價值，不論你怎麼努力去處理表現形式上的問題，最終都得回過頭來與內在的自己相處，這才是長久之計。

如果最後一切會結束，
那麼不如不要開始

恐懼承諾

○
○
○
○
○
○
○

　　當關係進入比較穩定的狀態後，除非雙方對於經營長期
關係都沒有太大的渴望，否則勢必得做出選擇——是否要往
下一個階段邁進？

　　有些人在面臨這個抉擇的時候，的確是會陷入困惑的：
「我要跟這個人交往嗎？還是會不會維持現狀其實比較好？」

　　這樣的困惑不在少數，而且其實也不構成問題。對於一
個沒被愛沖昏頭的人來說，審慎的評估交往後的風險及可能
性，是很合理的事。會造成戀愛問題的，並不是「評估」這

件事，而是對於「承諾」產生異常的恐懼。

　　每個人對承諾的看法都不同，對於承諾的重量也有不同的感受。對於大部分的人來說，承諾就是「我決定做什麼」，既然我已經決定了，那就這麼做；但對於一部分的人來說，承諾指的是「我得付出什麼」，而我不知道自己是否願意，以及是否有能力這麼做。

　　每一個承諾都是一種選擇，而且不是自己的選擇，是攸關他人的。當人們決定承諾某些事的時候，意味著我們將得到些什麼，並且捨棄些什麼。

　　舉幾個例子來說：當一個人承諾與另一個人交往後，他得到的是一段被雙方認同的關係，但他也即將失去其它選擇的可能性；當一個人承諾購買某項物品後，他得到的是該項物品，及它所帶來的好處，但他要損失的是金錢；當一個人與另一個人約定好某個時間去做某件事後，他得到的是與另一個人相處的時光，但他損失的是那段時間裡的自由。

　　對這類人來說，他們比較難去看到自己即將得到什麼，他們會將大部分的注意力放在自己可能失去什麼。他們普遍的心理狀態是認為自己很缺乏，因為缺乏，所以不能冒險，因為一旦選錯了、賭輸了，自己將會陷入危險之中。不論他

們付出的代價是有形的還是無形的，都是他們認為自己僅存的。

　　你可以說這種人是一諾千金，說出了口，就想盡全力達到，但也因為如此，他們對於「選擇」有著很大的壓力。對他們來說，決定了就沒有回頭的路，這條路就得一直走下去，但他們不知道自己有沒有辦法堅持。

　　害怕承諾而將事情拖著的人，多半都自帶選擇障礙，因為他們總是不知道選哪邊才是好的、才是比較對的。他們不相信自己的選擇能力，也不相信自己有處理問題的能力，他們希望自己能做出正確的選擇，所以在做出決定之前，最好什麼都不做，免得自己選錯。

　　這美其名叫作謹慎，講難聽點叫不相信自己，也無法為自己負責。**如果一個人知道自己即使遇到問題也能處理，那對他來說，就不會有絕對正確或絕對錯誤的選項，每個選擇都只是不同的體驗、不同的路徑，而不是決定人生幸福或破碎的分岔路口。**

　　那他們到底在害怕什麼呢？難道他們不想要幸福的可能嗎？

　　每個人具體害怕的東西都不同，有些人怕的是責任、有

些人怕的是損失、有些人怕的是別人的眼光。但總體來說，他們害怕的東西很簡單，是失望，他們害怕對一段關係失望、對對方失望、對自己失望、對戀愛失望。

他們對很多事情有著很高的期望，有時候是對於別人，有時候是對於自己，有時候則是對於這個事物本身。當他們進入一段關係之後，如果覺得對方不如自己的預期，他們會失望於對方的表現、自己的決定，甚至是美好關係的可能性。

可是沒有人喜歡失望的感覺啊！但為什麼有些人能夠勇於做出決定，這類人卻沒有辦法呢？

你要說他們比較膽小也行，說他們比較悲觀也可以，這些都是構成的因素，但在我看來，還有一個較難發現的原因在於：對他們來說，決定是不可改變的，阻礙代表的是失敗，而不是挫折。一次的失敗，就會讓他們牢記在心，並且小心翼翼地避免再犯。

這類人如果不是記性特別好，就是有過嚴重的創傷，或是兩者兼具。但過去的經驗只是原因之一，畢竟這世上還是很多人帶著創傷勇敢前進，這表示創傷不是影響一個人的絕對。創傷不可否認的造成了影響，但另一個會導致他們選擇「不選擇」的原因，則是他們應對抉擇的方式。

我認為，當我們成年之後，大部分的個性都不是與生俱來的，而是後天成長環境所培養出的生存模式——我們為了因應成長過程的需要，發展並認同了某些特定的面向及處事方針，久而久之，我們以為那就是我們的個性。

　　例如曾經講話直接又活潑的人，因為被同學排擠，嘗試了不說話、不表達的生存方式。當他發現自己這麼做以後，同學們的反感變少了、自己的壓力減輕了，他就會誤認為這才是正確的作法，並且在未來持續使用這套模式。而這套模式用久了，別人就會告訴他：「你是個內向的人。」他也以為自己就是如此。

　　既然如此，過於謹慎規避風險的人，可想而之就是在成長的環境中有大量的危險，以及對於事情有無法挽救的經驗，才導致他們的觀念被塑形成如此——他們得小心謹慎的做出每一個決定，否則錯誤的決定可能導致無法挽回的傷害，最糟糕的情況還可能將自己置於死地。

如果你是這種類型的人，你可以先做幾件事，第一件事情就是問問自己：「我害怕的是什麼呢？」

　　你害怕失敗嗎？害怕徒勞無功嗎？害怕對方不是個好對象嗎？害怕進入關係以後失去自己嗎？還是害怕自己沒有能力成為一個好的對象，最後被遺棄呢？

　　每個人的恐懼都有它存在的理由，「害怕」的機制是用來保護我們免於危險，所以害怕並不丟臉，如果我們什麼都不怕，可能早就一命嗚呼了。

　　但即使我們害怕，也不代表要被害怕牽著鼻子走，我們有權利也有能力，將害怕作為一個參考值、當作一個善意的提醒，並且做出自己想要的決定。

　　而要做到這件事，第一步就是認清自己在害怕什麼。當能覺察自己真正害怕的事物以後，才有辦法面對自己的恐懼。恐懼之所以被無限的放大，是因為我們很少搞清楚它的根源，我們沒有正面面對它的經驗，當然也就無法超越它。一旦我們直視自己的恐懼，很快會發現：這其實沒有想像中的可怕。人們最害怕的是黑影，而不是讓黑影產生的實際物質，就好

像晚上一個人走在回家的路上，背後的黑影會令你感到害怕，因為你不知道那是什麼。只要你看清楚，那只是一隻貓、一個人，甚至是一根拖把，都可以讓你的恐懼消除，因為你知道那是什麼了，而你也知道自己該怎麼辦。

　　所以，現在你可以試試看問自己：「我究竟在害怕什麼呢？」或許你一下子答不上來，但沒關係，你可以嘗試性地幫自己做幾個假設，例如：「我害怕被拋棄嗎」、「我害怕自己答應了卻做不到嗎」、「我害怕像我爸爸一樣把關係搞砸嗎」、「我害怕必須為對方的情緒負起責任嗎」……，你可以做好幾個假設，看看哪些讓你的身體有反應。或許你在某些假設裡，會感到胃有點緊、肩膀開始內縮、牙齒在打顫、突然的咬了下嘴唇，那都代表這個東西讓你覺得不太舒服。而這些讓你覺得不舒服的，都會跟原因多少有些關聯。

　　如果你很幸運的知道自己在害怕什麼，你可以再繼續問下去：「我害怕的這件事，會讓我有什麼感覺呢？我會因為這件事怎麼看待自己呢？」

　　有可能你害怕的是重蹈某個人的覆轍，也有可能你害怕自己傷害了別人，不論是什麼，多半都與你看待自己的方式有關。例如覺得自己很笨、覺得自己不負責任、覺得自己跟

父母一樣、覺得自己很殘忍……都是對自己的看法。

想到這裡，你可能會產生一種「我討厭自己這樣」的想法。但在你開始討厭自己以前，我想邀請你，允許自己擁有「這樣活著的權利」。

人們總是基於許多的規範及經驗，限制了自己的生活方式。因為不想要被人討厭、想在社會上安身立命，所以遵守著某些我們認為好的教條，但這些教條可能讓我們痛苦萬分。我們無法避開它，因為它就存在於我們之中。外在的法律、別人的眼光或許都能逃避，但心裡對自己的約束，卻是任何人都逃離不了的。

但是用一些別人不完全認同，卻能讓自己快樂的方式活著，真的有這麼不好嗎？真的會讓我們活不下去嗎？

我認為，只要不去傷害到別人、不觸及法律，每個人想要怎麼生活，那是每個人的自由，只要自己能接受就好。

以前我也很在乎別人的眼光、擔心輿論，總是想讓大家都喜歡我。但日子一久，我慢慢發現，為了滿足別人的期待，其實我過得並不快樂。即使看起來人緣很好，也總是覺得很疲憊，覺得沒有人喜歡真正的我。我發現，「被別人喜歡」只是滿足了我的安全感，但我並沒有能力到達「快樂」的境

界，充其量只是「不會死」而已。

當我發現我永遠不可能讓所有人都喜歡我，而我也不會因為擁有一千個朋友而感到快樂之後，我就決定讓自己快樂起來，我的方法就是讓自己自由——我允許自己以各種姿態活著。

我允許自己是個笨蛋、允許自己很丟臉、允許自己不知廉恥、允許自己膽小、允許自己是個變態、允許自己死皮賴臉、允許自己不尊重別人……還有其它很多看似不好的事情，我都允許了，我讓自己有權利可以這麼做。

然後我發現，大部分的時候我根本不會真的去做那些事，但因為我允許了自己，所以我有了更多選擇，也比以前更喜歡自己。當我想完成一件事的時候，我的方法變多了，因為我有更多以前沒有的選項；當我想說一句話的時候，我能採取的態度變多了，因為我允許了那些從前不允許的。我甚至有了跟以前不同的目標，只因為以前的我不允許自己追求它。

過去，你不敢承諾，可能是因為你不允許自己失敗、不允許自己看走眼、不允許自己被別人笑話、不允許自己失戀、不允許自己有做錯決定的時候，也不允許自己有嘗試的機會。但說真的，失敗又怎麼樣呢？誰沒有失敗過？看走眼又怎麼

樣呢？人總是會有看錯的時候。被笑又怎樣呢？其實也不會少一塊肉，而且通常大家沒空笑你，除非他們真的很閒。失戀又怎麼樣呢？失戀過你才知道怎麼安慰失戀的朋友啊！做錯決定又怎麼樣呢？你網拍上買的每一件衣服 size 都很合嗎？

這些事情其實都沒有我們想像中的嚴重，只是自己把它想得太嚴重了。你可以把它當成一個嘗試，試試看這麼做會如何。如果試過以後，你真的覺得很糟，頂多下次不選了而已，就像我有時候會買新推出的飲料，如果很難喝，我下次就不買了。

如果你還是不敢的話，或許你可以試試我的小秘訣：不斷重複。

當我想做一件事情，但心裡有顧忌的時候，我會先找出自己顧忌的是什麼，然後不斷重複告訴自己。例如我想要做一件很丟臉的事，但心裡又過不去的時候，我就會告訴自己：「我允許自己丟臉、我允許自己丟臉、我允許自己丟臉」講到我不再緊張為止；又或是我想傳訊息給不理我的人，但我又害怕別人怎麼看我的時候，我就會告訴自己：「我允許自己死皮賴臉、不知廉恥、不懂禮貌、不尊重別人。」這麼做

的目的並不是要讓自己真的變成這樣，而是要讓自己的寬度被打開，不再侷限於「一定得怎麼做」的規範裡。

　　給自己一個嘗試的機會，看看自己能有什麼樣不同的表現。不論你最後得到的體驗是什麼，那總是一個經驗，它讓你看到了那些自己不曾看到的樣子，也讓你明白自己原來還有這樣的可能性。如果最後的結果真的很糟，失戀真的讓你難過到痛不欲生，沒關係，這本書裡也有提到關於失戀的部分，我會為我的提議負責。

只要不去愛，
就不會有心痛的風險

無法動心

這世界上有些人熱衷於談戀愛、覺得戀愛是全世界最美妙最重要的事，但同時，也存在著一些對戀愛似乎完全無感的人。（雖然我覺得這種人大概不會買這本書，但為了避免他們哪天閒著無聊去翻朋友的書，我還是寫一下好了。）

真的有人完全不想談戀愛嗎？答案是肯定的，我想至少出家人都是如此。那在這紅塵俗世之中呢？有對於戀愛毫無欲望的人嗎？我想還是有的，但我自己從來沒遇過。

我看過很多人對戀愛毫無興趣，甚至嗤之以鼻，認為戀

愛浪費生命——想上床去嫖就好、想結婚娶外配就好、想生小孩花錢找代理就好，戀愛根本沒有意義，談戀愛無異於給自己找麻煩。

上述是很多不想戀愛的男人的想法，那女人呢？女人則是覺得自己一個人也很好，總比嫁個不對的人好。自己一個人可以去逛街看電影、和姐妹喝下午茶，不用揹負家庭壓力甚至婆媳問題，嫁個沒擔當沒出息的男人不如自己一個人。

每次聽完這樣的言論，我都會有幾秒鐘的時間差點被說服，覺得他們說得很有道理——找錯人不如一個人。

但有趣的地方就在於這句「找錯人不如一個人」，這句話完全說明了這群人為什麼不談戀愛——怕找錯人啊！如果找錯人怎麼辦？為了避免承擔找錯人的風險，還是一個人最安全。

有一次一個來找我諮詢的女生跟我說：「我很難喜歡上別人。」我問她為什麼？她說：「只要不喜歡，就不會有心痛的風險。」

「心痛的風險」跟「找錯人的風險」其實是一模一樣的，就是因為找錯了人才會心痛，而心痛感也連帶的讓人覺得自己找錯了人。

所以說，這些人真的是不想談戀愛、真的是很難喜歡別人嗎？我倒不這麼認為。在我看來，就只是**對於自己能不能經營關係、能不能擁有一段美好關係，有很大的不信任感而已。**

　　這些人很善於規避風險，對於他們來說，「明知可能失敗卻還去冒險」是一種不理智的行為——「為什麼要讓自己承受痛得要死的風險，去談場可能失敗的戀愛呢？」這是他們的想法。

　　對他們來說，眼前看得到的、摸得到的、更迫在眉睫的、現實生活中會遇到的一切，都遠比「談場戀愛」這麼虛無飄渺的事重要的多。不談戀愛並不會造成肉身的死亡，壽命或收入也不會因此而削減，反而是談戀愛才有可能導致這些糟糕透頂的事發生。既然如此，那又何必談什麼戀愛呢？不如專心過好現在的日子吧！

　　看到這裡，可能有些人會覺得這類人太悲觀，或是譏笑他們膽小，覺得他們連談場戀愛都不敢。但說真的，這類人真的很理智，或許他們真的在戀愛這回事上膽小，但那也是他們從人生的經驗中所得出來的結論。他們的人生經驗告訴他們：「愛情容易失敗」、「沒有完美的愛情」、「人不要

意氣用事」、「看得到的東西才是真的」、「每個人最終都會分開」，在這種觀念的驅使下，選擇不談戀愛的確是一個非常明智的決定。

但不論再怎麼理智，也不代表他們真的打從心底不想要一段感情，他們害怕的只是自己選人的能力。他們害怕的其實也不是麻煩，而是受傷。

這類人雖然表面上冷若冰霜、理性至上，但他們往往都擁有比別人更多的感情。我至今仍搞不清楚他們是因為幾乎不曾在他人身上傾注過感情，所以累積了遠比其他人更多的愛的能量，還是正好相反——因為自己的愛太多，所以不能隨意的給出，否則將會受到極大的傷害——抑或是兩者都是。但不論是什麼，他們的感情都是非常豐沛的。

有個催眠師跟我說過：「越不去愛人的人，他的本質越有可能是無條件的愛。因為他的愛太純，所以只要一受傷就會比別人更痛，所以他決定了不去愛人，這是他保護自己的方法。」這個說法實在太浪漫，所以我選擇相信它。

其實這類人跟其他人沒有什麼不同，他們也嚮往愛，只是在風險的評估上，選擇了更為保守的方式。他們並非不想要去愛，也不是不想要被愛，只是比起去看得到更多的機會，

他們更傾向專注於去看失去的機會。他們做決定的出發點不是欲望，而是恐懼，恐懼驅使了他們做出不會受傷，但也無法快樂的選擇。

　　他們不是不寂寞，也不是像銅牆鐵壁一樣堅強，他們只是用了自己最能控制的方法來確保自身的安全。當他們看著別的情侶幸福快樂的時候，偶爾也會心念一動，想說：「談戀愛好像也不錯」，但下一秒，他們的大腦又會迅速幫這個念頭降溫。最後，他們選擇將時間心力投注在其它事情上，追求那些可以控制的事物，諸如工作、興趣、朋友，至少這些東西的可控性比恐怖的戀愛高得多。

　　但終身不戀愛，真的這麼安全嗎？或者說，真的就能讓人快樂起來嗎？

　　如果你剛好是這類型的人，剛好有緣，你看到了這一頁。又如果你不是那麼排斥「戀愛」這回事的話，我想請你問自己一個問題：「我渴望愛與被愛嗎？」

或許你會說：「這不是想不想的問題，問題是……」然後說出一堆你的考量跟價值觀。但你放心，現在你面對著的是一本書，你的答案除了自己以外，沒有任何一個人會知道。在這個屬於你的片刻，你可以完全的依著自己的本心來回答這個問題，不論答案是什麼，只要那是你坦承面對自己的答案就好。

　　你渴望愛與被愛嗎？你想要一段深刻而美好的關係嗎？你想要與一個珍視的人，互相陪伴、互相支持嗎？你想要發自內心的知道，有一個人是深深愛著自己的嗎？你想要體驗兩個人彼此扶持，即使遇到困難也能共同克服嗎？

　　或許你並不想要，那也很好，人各有志，本來每個人想要的東西就不同，不需要勉強自己做出違心之論。接受自己並不想要也是一件很棒的事，至少你知道未來不需要花時間在這上頭，可以更明確的往自己的目標前進。

　　如果你的答案是想要的話，請再問自己下一個問題：「是什麼阻礙了我去愛與接受被愛呢？」

　　或許你的腦海裡會浮現一句話、一個人告訴你的事、一個過去的場景、一個傷害過你的混蛋、一個你蜷縮在角落哭泣的畫面……，不管浮現的是什麼，你都可以知道是這個東

西或這些東西在阻止你。

　　如果想到這些的你想哭，請先讓自己哭一下，眼淚最大的功能，是讓不該繼續留在身體裡的東西離開，其中也包括了過去的悲傷。

　　現在請你感覺一下自己的情緒，你覺得害怕嗎？難過嗎？憤怒嗎？無助嗎？請你感覺一下自己的感覺是什麼？或許上述的感覺都有，也可能你的感覺是別的。記得，是「感覺你的感覺」，不是「分析你的感覺」。「感覺」不需要被分析，它只需要被看見，所以現在我邀請你感覺一下自己。

　　感覺完之後，請你承認你所感覺到的情緒。承認這些情緒可能讓你感到很丟臉、很難堪，甚至覺得自己很渺小無力，居然至今仍被這些事給影響，但無論如何，它是存在的。它跟你我一樣，不想被排斥，當它被排斥了，就會用盡方法試圖讓我們看見，它可能會搗亂、可能會扯你後腿、可能會讓你心神不寧、可能讓你做惡夢，不管它做了什麼，它的目的都只有一個——要你看見它。

　　當你承認你的感覺後，請你做一件事——允許自己有這個感覺。或許在過去，你已經對這件事習以為常，或是很麻木了，所以你會認為自己沒有感覺。但如果我們真的沒有感

覺的話，我們不太可能去抗拒愛，所以很有可能只是我們「自認為」沒感覺，而非它真的已經過去。

不論你是生氣的、難過的、害怕的、無助的，都請你允許自己擁有這樣的情緒、接納自己的感受。在過去，你可能有一些原因，無法好好的接納這些情緒的存在，所以它們一直與你同在，不曾離去。現在，是時候讓它們被看見了，我邀請你好好的看著它們，然後告訴它們：「你是屬於我的，我允許自己擁有這些情緒。」

不必擔心自己陷進情緒的漩渦裡，情緒從來都不是問題，如何面對情緒才是問題。你可以擁有自己所有的情緒，並且引導它們，而非任由它們宰割。

在搞清楚自己的情緒後，接下來的你可能會想：「知道了又怎麼樣呢？會有什麼改變嗎？」所以，現在讓我們確認一下你擁有什麼資源。

會恐懼去愛，想必是擔心自己受到傷害，那在你的想像裡，你可能會遇到什麼事呢？對方不回應你的感情？對方利用你？交往後卻得分開？對方劈腿？

任何的傷害都建立在我們允許別人傷害我們的前提之上。很多人會誤解這句話，以為它的意思是「不把心交出去就不

會受傷」，所以選擇了不去愛。但這句話真正的含義是：「我知道我是誰，我知道要怎麼讓自己感到舒服，我知道怎麼看待問題，我也知道如果真的受傷了，我可以怎麼照顧自己。」

人們害怕的其實不是問題本身，而是當問題發生時，該怎麼解決。曾經有人跟我說過：「業務不敢去跑業務，並不是因為他們害怕被拒絕，而是他們不知道被拒絕後該怎麼辦。只要他們知道如何應對拒絕，他們就不再害怕拒絕。」同理，如果知道遇到問題該怎麼面對、怎麼化解，我們就不再害怕問題。

所以現在讓我們來看看，你可能遇到的問題，或許可以怎麼處理呢？如果對方不回應你的感情，你是不是能夠不要從一開始就投入全部，而是隨著彼此關係的深度加深自己的感情？先把對方當成朋友來看待，慢慢的了解對方、熟悉對方，再判斷自己要不要跟對方發展更進一步的關係？如果對方想利用你，你是不是能先設定好自己的底線，以及尊重自己的心情，以自己為主的去協助對方，而不是一味的滿足對方所有的需求呢？

如果你害怕的是交往後卻得分開，或是對方會劈腿，那請你想想，是誰讓你對感情產生了這樣的印象？是你的父母

嗎？你的好朋友？還是你曾經遇過的對象？而當時的你多大呢？

當我們回憶過往的傷痛經驗時，常會感覺到自己很渺小無力，尤其當這個經驗發生在幼年時期的時候更是如此。在杏仁核敏銳的通知我們可能有危險時，我們會瞬間被帶回受傷的當下，再度感到當時的無助，這時，我們就會覺得自己好像很小很小、一點能力都沒有。

但把時間拉回到現在，現在的你多大了呢？或許現在的你已經 18 歲、25 歲、33 歲、40 歲了，跟當時的你還一樣大嗎？現在的你，在經過這些時間的學習與經驗之後，是不是能夠有和當時不一樣的應對方式呢？

其實我們早就已經長大了、和以前不同了，但恐懼的經驗卻一再的使我們以為自己仍然無能為力。現在的你有能力學習如何好好經營一段感情，而不是被動的等待結局。即使一開始不會、不熟悉也沒關係，只要願意持續的做，遲早會學會的，但前提是你得先把這些難過的事，與你現在的人生剝離。它們已經過去了，除了在你腦海裡停留的畫面外，它們早就已經不在了。

看到這裡，你可能還是很害怕，我明白，我也有過這種

無法克制的恐懼感。即使知道了一堆道理，但會怕的就還是會怕，這的確是無法用大腦去跨越的阻礙。

如果是這樣，請你先練習感覺別人的喜歡，從感覺別人的善意開始。我說的喜歡並不一定指戀愛之情，而是單純的人與人之間的喜歡。

當我們不喜歡自己、不相信自己值得被愛、不值得得到美好的感情時，我們也總會覺得別人其實在心裡討厭我們。我們因為不喜歡自己，所以扭曲了看到的世界，整個世界因此變得不友善，但那個不友善卻是自己想像出來的。

所以我想邀請你，試著去感受一下身邊的人的眼神是否友善溫柔？是否專注？他們的笑容是否溫暖？他們的動作是否正傳達著善意？或許那些善意並不多，僅僅只是一秒之間的事，那也沒關係，至少你感受到了，你開始能感受到自己被友善的對待，世界不是如我們所想的那麼可怕。

當然，不會每個人都是友善的，也不會每個人都無時無刻友善，他們也有自己的生活跟煩惱，沒辦法總是傳達善意給別人。這時候不要氣餒，因為你已經可以看到以前看不到的東西，這世界已經比以前好上許多，你也能感覺到自己被更溫柔的對待，這樣就夠了。當我們開始看到一項兩項小小

的事物，透過慢慢的練習，我們就能看到更多。你的友善雷達一開始可能不靈敏，但隨著你有意識的慢慢開發，它會讓你與他人的善意更容易接軌。

　　如果還是害怕就害怕沒關係，害怕是正常的，我也一天到晚在害怕，只要知道怎麼照顧自己就好了。一下子要變得敢去喜歡別人不容易，但或許你可以從現在開始做一些微小的練習，即使最後的最後，你還是不願意，或沒有喜歡上任何人，你都得到了一些與從前不同的體驗，這些體驗將帶著你更喜歡這個世界。

Part 2

♥

交往中

很多人不是無法進入一段關係，他們的問題是無法好好的維繫一段感情。

　　大部分人學習感情的方式，都是透過一次又一次的經驗，來修正自己在關係中的型態。但這樣的方法不見得適用於每個人（異性緣越好的越不適用），而且它也必須付出極大的代價，也就是失戀時一次又一次的心痛。

　　很少人會認知到維繫關係是需要經過學習的，因為我們身邊的每一個人看起來都沒有學過這件事，自然而然的，我們就會以為它是與生俱來的天賦，或是一種本能，並且容易認為，如果關係維持不好，是因為對方不是所謂「對的人」，而不是什麼關係的課題。

　　一般來說，即使我們經歷了交往與分手的歷程，也發現

自己在關係裡有些地方需要調整，也很容易陷入更改表面形式的陷阱裡。原因有二：一是提分手的那方或許也不知道發生了什麼事，自然也無法明確的告知我們；二是即使他們真心誠意的説出理由，往往也只是表面上的行為，例如情緒化、太黏人、管太嚴等等。在我們得知了這些行為會讓我們的戀情受阻之後，我們的確可能會想去改進，但更改的也都只是行為，內在的問題並沒有被解決，最後問題只會用其它不同的方式呈現，仍然沒有任何事情被改變。

你可以把所有的問題，想像成汽車儀表板上的指示燈，當指示燈亮起時，表示車子有某些地方出問題了。車子出問題總是讓人覺得困擾掃興，但我們能做的事，是把車開進維修廠，或停在路邊好好檢查，而不是把儀表板裡的燈泡拔掉，因為我們都知道，拔掉燈泡只是讓我們以為沒事了，但實際的問題仍然存在。

感情就像一趟旅程，一趟很長很長的旅程。在整個旅程之中，車子難免會有亮起指示燈的時候。指示燈亮了，不代表車壞了，也不代表我們的開車技術不好，或是旅行進行不下去了。它唯一表示的，只有我們該停下來，好好檢視問題出在哪，修理完畢之後，繼續旅程。

在接下來的章節裡，我們要一一來看各種常見的長久關係問題，以及它所代表的內在狀況。

遇不到對的人

在感情裡，每個人遭遇的問題都不同。有些人是交不到男女朋友，有些人是無法喜歡別人，有些人是溝通不良，有些人則是永遠遇不到那個對的人。

在我所遇到的學生裡，「一直遇不到對的人」的人是少數，但在我的生活裡，卻充斥了許多這樣的人。我的一些朋友、同學、學生，甚至包含我自己在內，都出現過這樣的狀況。

這些人並非交不到另一半，但不知道為什麼，交往後不是很快就吹了，就是關係持續惡化，搞得分也不是，不分也

不是。

對於這些人來說,「找個對象」並不是什麼困難的事,甚至在還沒打算定下來以前,也完全不把「迅速分手」當成一回事,分手了?再換就好。他們的概念是這樣:世上的男男女女何其多,雖然少了一棵樹很傷心,但沒關係,還有一整片森林待開發呢!

在想定下來好好經營一段關係以前,這樣的狀態其實挺不錯的,有很多機會可以看看更多不同的人、與不同的人相處。所以在他們想定下來之前,他們會把迅速分手的原因歸咎於「我也沒有很愛對方」、「玩玩而已」、「對方也不是那個對的人」、「他不適合我」……,他們並不會認為這個狀態出了什麼問題,只是剛好事情就是這樣。

但當他們開始到了想要穩定關係的年紀後,會發現:即使自己想定下來了,也覺得對方不錯,但整件事就是不太對,關係並沒有比以前交往的對象好太多,最後還是分手了,這到底是哪裡出了問題?

要討論他們出了什麼問題,可能得先從他們的現況開始說起。在我的經驗裡,這類人多半都有個特色——很會談戀愛。

不論男女，這類型的人很知道要怎麼吸引異性，讓異性對自己感興趣。他們知道怎麼在極短的時間內推進關係、如何給予對方戀愛的感覺，讓彼此迅速發展成男女朋友，或是把關係推到床上去。他們很容易就會說出自己愛對方，即使兩個人根本沒有相處多久。接著，他們就會展開熱烈的行動，於是對方就像奶油一樣被他們的熱情給融化了。

他們不見得對每個類型的異性都很擅長，但他們必定有自己專長的守備範圍，在這個範圍裡，他們的成功率會趨近於 100%。而這個類型的對象，往往都是他們會喜歡的，他們很少喜歡根本不會喜歡自己的人，因為那不會給予他們熱烈的想像與激情。

這類人還有一個特點，那就是他們通常很浪漫，浪漫到簡直有點過頭。他們了解氣氛、看得懂氛圍的變化，而且敢於說些什麼、做些什麼來表達自己的心意，所以他們懂得使用浪漫的物品或話語來催情。而其中，他們最常使用的，就是不負責任的承諾，或是用另一個更好懂的詞來形容——海誓山盟。

「承諾」對這類人來說，簡直就像喝水一樣簡單。他們跟我另一篇講到「恐懼承諾」的人剛好相反。在他們的心裡，

承諾的質量是很輕的，但這不代表他們在說出口以前就沒打算要負責。相反的，他們也想要實現他們的承諾，只是通常他們的承諾都是一時激情與血脈賁張下的產物，所以當熱情消退之後，他們也就理所當然的忘了。

　　承諾對他們來說不是責任，而是戀愛催化劑，他們喜歡那種天雷勾動地火、兩人愛得如癡如醉的感覺。當兩個人的愛火如篝火般熊熊燃燒之時，他們就想再往篝火裡丟點燃料，好讓火能燒得更旺、燒得更久。而這些被丟進去的燃料，我們一般將之稱為承諾。好吧，如果你不想這麼看輕承諾，我們也可以叫它甜言蜜語。

　　這些甜言蜜語正是他們的對象最後會這麼崩潰的原因。我遇過好多男男女女（以女生居多）在諮詢的時候告訴我：「可是他以前曾經說過什麼什麼，他說如果我們怎樣怎樣，以後就一起如何如何。他是在騙我嗎？」通常我都會回：「不，他沒有騙你，但他也不知道事情會變成這樣。」除非他們連交往也沒有，那我就可能合理的判斷對方真的是來騙的。

　　這類人輕忽了承諾的重要性，因為他們並沒有把它當作「承諾」來看待，從頭到尾雙方看待這回事的角度就不同。承諾對這類人來說，就只是催情劑，說出來可以讓關係更好、

讓兩個人更愛、讓彼此靠得更近。

其實，他們也很想要這些承諾可以兌現，但誰知道總是事與願違？連他們自己也很惋惜：「唉，我也想要跟這個人在一起一輩子，可是……」

嗯，他們通常跟每個人戀愛的當下，都想跟這個人在一起一輩子的。

讓人無法理解的是──既然你想跟你的對象在一起一輩子，為什麼你的關係都這麼短暫？別忘了我們前面提到的：這類人的關係都很早夭，三個月半年是常態，能撐過一年多的是長壽。既然他們有這樣的意願，為什麼會把事情搞成這樣？

其實原因是出在這些人太不切實際了。他們是浪漫主義者，如果你有機會遇到這類型的人，你會發現他們往往都頗具個人魅力，說起理想目標來，也說得頭頭是道，感覺是個有理想有抱負的好青年。但不久後你可能就會發現，這些人講的永遠都比做的多，他們的確有著美好的願景，但實踐的動力可能不怎麼高。

他們會在關係初期說出：「你是我這輩子最愛的人」、「我願意為你……」、「我們以後一定要……」這類的驚人之語。

除了浪漫與滿腔愛意想傾吐以外，讓他們說出這些誇張的承諾的原因還有一個——他們太高估自己的實踐能力了。他們對於自己的能力跟能承受的極限其實不大了解，對於他們來說，只要有心，人人都能成為食神，所以這些事情，只要有心，一定也都能做到的！

這些對自己錯誤的認知，導致他們常說出一些不負責任，卻又帶著夢幻泡泡的美麗言論。他們分不清理想和現實之間的距離。

而太理想化，又會衍生出下一個問題——他們相信世上有完美無缺的愛情，總有個人跟自己的關係，會彷彿掉落在世上的一半般契合。

這樣聽起來可能誇張了點，但在我看來事情就是如此。他們被一個人吸引的時候，常會想像對方是完美的、跟這個人在一起一定一切都會很好。他們忽略了現實生活中的柴米油鹽醬醋茶，也忘了每個人都有其個性，沒有哪對情侶是不需吵架、沒有磨合的。於是在激情褪去後，他們就開始覺得對方不如自己的預期，並且感到失望。過去只看得到優點的他們，開始審視對方的缺點，並且將這些缺點放大，認為這個對象並不是理想中的伴侶。

在熱戀期的時候，對方如果有不滿，他們都視為美好的，願意為了對方改變，即使上刀山下油鍋也在所不惜；熱戀期過後，對方如果有不滿，他們只覺得很吵、很煩，為什麼這些事也要拿出來吵？覺得對方跟自己以往遇過的人似乎沒有太大的不同，認為自己真是看走眼。

於是他們的愛漸漸的冷卻下來，直到他們遇見下一個人為止。

說白了，他們其實是在跟自己的幻想談戀愛，所以一旦幻想破滅了，這場戀愛也就結束了。

如果你恰好是這類型的人，這裡有些過來人的經驗要給你：

我以前也是這樣的人，在我的認知裡，愛是一種無法自行生產、需要透過別人給予才能得到的東西。所以我花了很久的時間在尋找，找看看哪個人願意愛我。

當時，我也跟你一樣相信這世界上有個人會愛我一輩子，

會包容、接納我的一切，因為我以為愛就是這樣。但在我談了十幾場戀愛之後，我發現事情似乎跟我想的有點不同，那個會包容我、接納我一切的人並沒有出現。於是我開始思考：如果不是我太衰，就是這個世界不是這樣運轉的，或許不是從前我遇到的那些人不對，而是我的想像出了問題。

我對愛情有很多想像，並且希望對方能夠配合我的想像來演出，因為我以為那叫作真愛。

由於我父母的關係並不好，很早就離婚了，我並沒有太多對於「良好關係」的認識，只能藉由電視、小說、電影來認識所謂的「愛」。但你也知道的，它們描寫的愛都有點太夢幻了，畢竟把生活瑣事寫出來實在很無聊，於是我也就以為，完美的愛必須被刻意營造，它得很浪漫，那才叫作愛。

但沒有一段感情，最終只是在談戀愛。愛情並不只是熊熊的烈火，當時間一長，它會開始走向細水長流，那時，它的形式就不再是瘋狂的約會、聊天、性愛，而是融入你的生活，成為你平凡生活中的一部分。

我知道你在找一個很愛你的人，我也知道你並不是花心，你只是對關係的期待錯了，所以才會在愛情裡跌跌撞撞。或許你現在有一個很好的對象，你想要改變過去的經驗，讓自

己能跟對方好好交往，也或許你剛結束一段關係，你正對自己感到懊悔不已，不論是哪個，我都有些建議給你：

首先，請你先問自己：「我在感情裡，期待的是什麼？」

有時候我們在感情裡的期待，並不是針對對方的，而是一種過去未完成的期待。以我自己為例，我過去在感情裡期待的，是像嬰兒一樣依賴式的愛，所以我一心嚮往的是有個人像媽媽一樣的照顧我。但這個期待放在戀愛關係裡並不合適，因為那並不存在於平等的男女關係之中，於是我的期待在戀愛關係裡一直無法被滿足。

那你呢？你的期待是什麼？是有一個人即使爭吵過後也不會離開你嗎？是有一個人無論你有多糟糕都會接納你嗎？是有一個人能像你的某個親人一樣愛你嗎？是能夠跟對方撒嬌嗎？是想當個小孩嗎？是想要對方有很多很多的時間陪著你嗎？

人們都想透過戀愛，來完成在過往未曾被滿足的期待，但我們往往沒有意識到。清楚明確的發現自己的期待是很困難的，那些真正的期待都很小，而且藏得很深，成人的我們不允許自己期待著這些，那會讓我們覺得自己很蠢。

我看過一些父母拚命買某些玩具給孩子，不管孩子喜不

喜歡。他們以為是因為「這些玩具」很好，所以才買。但事實上，那是因為他們小時候想要這些玩具，卻沒有辦法得到，所以真正覺得這玩具好的人，只有他們自己，那些玩具是他們自己未完成的期待。

在想著這個問題的同時，或許你會想到一些小時候的畫面，這些畫面可能會讓你有些情緒反應，你可能感到難過、沮喪、挫折、被排斥、無助或是憤怒。這些情緒都在告訴你，你的渴望是什麼。

找到你的期待，並且盡力去實現它。如果你的期待是可以得到母親的讚美，那就去找你媽，請她讚美你；如果你的期待是爸爸可以在週末帶你出去玩，那就去找你爸爸，請他幫你完成這個願望；如果你的期待是可以像個小孩一樣哭鬧任性，那就這麼做，讓你的父母來安撫你。

你可能會覺得這些事很蠢，自己的年紀實在不該再做這些事，父母也到了該被好好孝順的年齡，怎麼可以這麼做呢？

說真的，你不講出去誰會知道？長期以來，你就是因為某些原因，所以才會在戀情裡如此不順，既然你知道了一些可行的方法，為什麼不去試試看？該滿足你期待、該給你愛的人，你不去跟他們要，反而去跟一個對你的期待毫無責任

的人索取，難道這樣就比較成熟了嗎？我自己是不這麼認為。

　　如果你的期待很遺憾的，已經無法實現了，例如父母已經不在了，那你得盡量找出接近的方案，去完成它。當然，也有其它方法可以解除這種狀況，但最簡單的方法，還是讓自己得到滿足，只要滿足了，我們就願意往前了。

　　除了找出期待之外，你還可以做的另一件事情是接納自己。如果你企圖把接納的任務交由別人進行，那你失望的可能性就會大大的增加，因為別人的選擇不是你能控制的，但如果你能夠自己接納自己，那你就不再需要別人來替你完成。

　　為了練習接納自己，有一段時間我很常冥想。而我曾經在一次的冥想裡，有過這樣的體驗：

　　當時我回想起自己剛進幼稚園，頭一次長時間離開父母的記憶。在那麼幼小的時候，沒辦法理解被送去上學的原因，並不是因為父母想拋棄我，我只知道不管我怎麼哭，父母還是狠心把我送進了學校，並且離開。

　　對於細節，我其實沒有什麼印象，但我從母親口中得知，當時因為去的是公立的幼稚園，一個班級裡有很多小朋友，老師沒有那麼多心力顧及到每個人，所以我每天都自己一個人抱著小狗娃娃，坐在教室最後面的位置哭，也沒有任何人

來理我。

在冥想裡，我看到自己一個人坐在角落的位置偷偷哭泣，覺得是不是因為自己不乖，所以爸媽才不要我、才要把我丟到這裡，這裡沒有人要理我，我覺得好害怕。

於是我讓成年的自己走過去，抱住那個幼小的自己。幼小的我放聲大哭了起來，一直說：「我好害怕！我好害怕！」我抱著他，一直重複告訴他：「沒事的，我在這裡，我愛你，不用害怕。」同時我拿了一個枕頭，緊緊的抱住，像是真的在擁抱自己一樣。

冥想是個可行的方式，它最主要能協助我們的，是釋放那些積存在記憶裡，沒有被代謝掉的情緒。不論是憤怒、悲傷、難過、無助、恐懼，都可以試著藉由冥想的方式，來讓自己練習陪伴自己。

想像那些你所害怕的、討厭的、不想面對的自己，然後去擁抱他。擁抱他，然後告訴他你愛他，你接受他，你不會離開他。他是你心裡的小孩，他屬於你，你們倆誰也沒辦法離開誰，你們就是一起的。

在你擁抱內在小孩之後，通常會代謝掉一些舊有的情緒，但這不代表事情已經大功告成。釋放完情緒只是接納自己的

第一步，接下來你得回到現實生活中，繼續在生活中訓練接納自己和滿足自己的能力。

　　你可以開始試著去感受自己喜歡什麼、不喜歡什麼，然後盡可能的，去做自己想做的事，用行動去滿足自己的需求，而不是等著別人來施捨給你。

　　「接納自己」通常是一個人快樂與否的關鍵。一個能夠真正悅納自己的人，必定能找出自己和世界相處的方式。他不需要透過誰來滿足自己，也不認為滿足別人是自己的義務，他與他人為彼此做的一切，都不會是犧牲或交換，僅僅只是因為這麼做了，他們都會得到滿足。

　　加油吧！試著把生命的主導權拿回自己手中，別再寄望那個對的人會來改變你的人生，只要你自己對了，那麼誰都會是你對的人。

言語讓本該最近的我們，
產生了最遙遠的距離

無法溝通

○
○
○
○
○
○
○
○

　　當人們被提了分手之後，心裡常會有一個疑問：「為什麼好好一段關係，最後會變成這個樣子？」

　　幾乎任何一個因為分手，或關係維持問題而來找我諮詢的人，都會告訴我，他和另一半之間的溝通出了問題。

　　大家都知道溝通是維持關係的重點，在普世的認知裡，任何關係只要出了問題，十之八九就是溝通出了問題。但具體來說，到底出了什麼問題？溝通是個很大的範圍，當我們只說了一句：「我們的溝通有問題，因為我們溝通不良」，

就像有人說：「我籃球打不好，是因為我球技不夠好」，有講跟沒講一樣。

在這個時代，「溝通」是一門顯學，市面上有很多書籍或課程，都在教導人們溝通的技巧。但有很多人即使使用了這些技巧，溝通的過程可能出現了一些變化，但整體的結果仍然是溝通不良，這是為什麼呢？

基本上，這跟一個人的心態、信念，以及成熟度有比較大的關係。

在這裡，「心態」指的是：你用什麼樣的態度看待和這個人的關係，與你們所要討論的事情。通常會找上我的人，都會認為自己很積極在處理問題，所以他們才去學習溝通，以及和伴侶的相處之道。在找上我以前，他們往往都已經找了許多其它的方法，例如上網 google「溝通技巧」、「與男朋友溝通不良」、「女朋友有話都不說」之類的關鍵字，試圖解決這段關係目前的窘境。

在這個情況下，他們很常認為自己是在這段關係裡，屬於比較有能力的一方。他們對於自己在這段關係裡的看法，多半是積極的、願意努力的、想要經營的、有用的、比較愛對方的……，而這其實同時代表了，他們認為對方是消極的、

不想處理問題的、沒有意願的，甚至可能認為對方是這段關係的問題製造者。

當他們抱持了這樣的想法去溝通，就容易呈現以上對下的姿態，彷彿只有自己在為這段關係著想一般。沒有人喜歡這種「你沒能力處理問題，那就我來處理」的感覺，這會讓人覺得自己很糟糕。如果對方的心理狀態不夠成熟，甚至可能出現不配合的反應，來表達自己的憤怒。

心理上的姿態是影響溝通非常重要的關鍵：在我們心裡，自己與對方的相對位置，會決定自己用什麼樣的態度進行對談。舉例來說，老鳥對菜鳥講話比較不客氣，但對上司就變得唯唯諾諾，就是明顯的上下關係。

很多人之所以沒辦法順利的進行溝通，就是因為他們沒有察覺自己呈現了什麼樣的溝通姿態。這是任何技巧都無法修正的問題，即使他們學會了肯定對方、讚美對方，或是任何看似處於低位的方式，都無法改變對方感覺到的「高高在上」。

除了「心態」之外，「信念」則是另一個常見的原因。

「信念」的形成與影響，遠比心態來得更深遠。當人們知道自己看待一段關係的態度是如何之後，只要有意願，通

常都能夠在短時間內修正這個狀態。但當問題出在信念而非心態時，不僅更難察覺，也需要更多的時間來調整。

如果要用一句話來解釋「信念」是什麼的話，那就是「人所相信的」。只要一個人相信一件事，那麼這件事就會成為這個人的信念。而要相信一件事，需要的是體驗——曾經發生過的事，及它的結果，就是體驗。任何重大刺激，或是長時間重複發生的事件，都有可能會形成當事人的信念。

很多人對於溝通都抱持著相當負面的信念，原因多半是在他們的經驗裡，溝通都沒什麼好下場。有些人在小時候對父母師長，說出了自己的感覺或某個事實，以求得到協助，結果卻是挨罵或是被無視，這樣的經驗只要多累積幾次，這些人在未來就會確信：「說出自己的感覺跟事實是沒用或危險的。」

有時候這些體驗不見得是發生在當事人身上的事，而是他們所目睹的狀況。例如從小看著父母吵架、惡言相向破口大罵，甚至是動手，都有可能讓人對於「問題」、「衝突」、「爭執」產生恐懼。

父母通常是我們第一對看到的情侶，在我們還沒機會認識其他情侶的時候，父母之間的互動及他們的關係，會奠定

我們對於親密關係的認知。「第一次對事物的認知」對人們有著非常強烈的影響，我們會因為第一次的接觸體驗，而對該事物產生全盤的認定。舉例來說，如果你第一次吃青椒的時候覺得很難吃，你可能就會一直覺得青椒很難吃，並對青椒產生排斥感。在對青椒有壞印象的情形下，再給青椒一次機會就變成了困難的事，自然也沒什麼機會吃到好吃的青椒，來洗清青椒的汙名。

對「溝通」、「衝突」抱持著恐懼的人，就如同溺過水的人一樣——就算知道游泳是可以學的，但只要靠近水，就會不由自主的產生恐懼。在他們的世界裡，溝通與衝突，以及失去愛，三者是劃上等號的。他們相信的事情是：「溝通就會吵架，關係就會不好，兩個人就會不再愛對方」，「溝通」不僅不是解決問題的方法，還是問題的開端，他們寧願看著表面的和平感到安全，也不願意冒著可能會破壞關係的風險去溝通。

而第三個「成熟度」，在這裡指的是我們如何看待與自己不同的價值觀。

因為價值觀而產生的衝突，不用我說，幾乎人人都知道，所以「價值觀不同」、「觀念不合」才會是人們常聽到的分

手原因。但具體來說，「觀念不合」到底是什麼情況呢？

老實說，比起觀念不合，我看到更多人的狀況是一言不合就分手，但事後解釋為觀念不合。但講白了，不就是吵架而已嗎？會吵架不就一定是觀念不同才會吵架嗎，那為什麼有些人吵架不會分手，有些人吵架就是觀念不合呢？

這中間的差別，就是我們對於「異己」的看法。

之所以說「對於異己」的看法和成熟度有關，是因為：當我們是嬰兒的時候，我們認為世界是以「我」為中心運作的——我們哭了，大人就會想辦法處理、我們喊叫，大人就會靠過來、大人們總是想辦法逗我們笑、因為我們總是躺著，看不到除了天花板以外的地方，所以我們以為大人總是圍繞著我們……。這些嬰兒所看到的「現實」，成為了嬰兒獨有的體驗，所以理所當然的認為「我」是世界的中心。既然我是中心，那麼大家都聽我的，才是理所當然的。

如果一個人有好好的成長，那麼在長大過程中，這些屬於嬰兒的體驗，會慢慢的消失。我們會發現自己很重要，但別人也很重要，所以應該要彼此尊重；但如果在成長的過程中受到了阻礙，導致某些部分的成長停滯了，那麼這些嬰兒式的想法，就會留在體內，讓當事人認為別人應該聽自己的。

一個心智成熟的人在面對衝突的時候，會試圖去釐清對方想表達的是什麼，也會嘗試清楚的表達自己的想法，不管中間的過程是否很激烈，他最終都會讓自己達成這個目標。但一個不夠成熟的人，在面對衝突的時候，想的往往不會是「雙方都有表達自己的權利，且雙方都能尊重彼此」，而是以輸贏的角度在看待彼此的不同處，簡單的來說就是——到底誰是對的？該聽誰的？

　　這樣的角度是非常純粹的非 A 即 B：不是你對就是我對、不是我妥協就是你妥協。在這種關係裡，除非雙方的想法一致，否則根本無法出現雙贏的局面，因為除了 A 跟 B 以外，沒有第三個讓雙方都能滿意的答案。這種爭吵方式能為關係帶來的，只有在某一方妥協之後看起來的和平，但不代表問題真的解決，也不表示雙方的不滿都被瓦解。久而久之，雙方累積的怨氣只會越來越多，距離說出「觀念不合」這句話的日子也就越來越近。

如果你有溝通不良的狀況，也符合上述的情況，那麼你可以參考以下的作法：

「心態」的部分是最好處理的，只要你發現自己有以上對下的姿態，其實問題就解決了一大半，只要你願意將對方視為共同解決這些問題的同伴，而非問題製造者，並且用平等的方式和對方談話，你所學到的溝通技巧，差不多就可以派上用場了。

接著你可以採取的具體作法，是當你們在溝通時，盡量讓雙方的目光能保持平視，如果環境允許的話，請你握著對方的手，或是將手輕放在對方膝蓋上。

之所以要目光保持平視，是因為平視的時候最能讓雙方的姿態維持平等，只要目光有高低差，關係位置就會有落差。仔細回想一下，從小到大，當我們挨罵的時候，是不是總感覺對方比我們高？就算到了長大之後，每當挨罵的時刻，我們仍然會低下頭，不敢直視對方的眼睛。目光的高低同時代表了位置的高低，這也是為什麼我們會說「自視甚高的人都用下巴看人」、「瞧不起人的人眼睛長在頭頂上」的原因。

而肢體的接觸，則是為了讓雙方盡可能的產生聯結。沒有什麼東西比視線和肢體接觸更能傳達情感了，平和的眼神和溫柔的接觸，會讓人產生安全感，也能讓人明白：即使對方現在說的是嚴肅的、不愉快的話題，也不是為了斥責自己，或是想要破壞關係，對方是愛著自己，並且想要解決問題的。

　　上述是「心態」的處理方式，但如果你的狀況是信念的部分出了問題，那麼可能得多花一些時間，但你放心，這也是可以解決的。

　　要破除一個堅定的信念，必須透過多次體驗來沖淡原有的經驗，絕對不是試個一兩次就可以搞定的。你可以把這個過程想像成溺水的人學游泳——一開始先練習臉靠近水，再練習憋氣，最後才去游泳池——破除信念的方法和它一模一樣。

　　首先，你得先練習和別人說出自己的感覺。

　　把自己的感覺說出來，並不是一件這麼容易的事，我以前也不擅長，所以你可以先從說些小小的事情開始，不用一下就討論到太嚴肅的話題。

　　而這個練習有一個重點，那就是你說出來的對象，記得，一定得是當事人。

人們有一個很神奇的現象，就是有什麼話都不跟當事人講。當我們對同事有不滿的時候，可能是跟另一個同事抱怨；當我們覺得某個男生很帥，卻是告訴身邊的朋友。我們總是習慣不把自己的想法跟當事人說，因為我們不知道對方會有什麼樣的反應，所以我們只好將心中的情緒，轉而分享給其他人。

如果有些令你感到不舒服的事，你並沒有讓當事人知道，只是向其他朋友抱怨，以求得情緒上的抒發，那麼在抱怨完之後，的確會短暫覺得輕鬆，但真正的問題並沒有被解決，這件事在未來仍然會繼續發生。

當你沒有解決問題的能力與勇氣時，除了抱怨以外，就什麼也做不到了。但令人不舒服的事並不會因此而消失，所以你只能不斷的抱怨，久而久之，就變成一個愛抱怨的人。

所以現在你要練習的，就是去向當事人說出自己的感受，不論你想說的，究竟是好是壞。如果對方讓你很開心，那你就告訴對方你很開心；如果對方讓你不太開心，那就告訴對方你不太開心。讓別人知道你的感受，才是真正能長期維繫關係的方法，不論什麼關係都一樣。

我知道要說出來需要很大的勇氣，但忍耐沒辦法讓你變

得更開心。你不會想要跟一個一天到晚讓你不爽的人來往，如果你想繼續保持跟對方的關係，你就得把你不舒服的地方告訴他。如果他也想繼續跟你來往，那麼他就會尊重你的不舒服。但如果你從來沒讓對方有機會知道，只是向別人抱怨，那他要從何改起呢？

這個練習必須大量，而且持續的進行，因為你已經這麼相信很久了。你想想，一個想法跟了你十幾二十年，怎麼可能只花兩天的時間，就能徹底改變呢？你必須有意識的去練習及接受回饋，才有可能透過一次次的新體驗，來刷掉過去舊有的信念。

而如果你的狀況是「成熟度」不足，那麼你得知道，你的問題不僅僅是溝通而已，它牽涉到的層面可能遠比你想像中的廣泛。

成不成熟，最影響的是對於「不如自己心意」的事物的接受程度。越成熟的人越能接受世事不會盡如人意，但他們並不是絕望或悲觀的，只是他們能接受事情的發展不見得符合自己的期待。不成熟的人就剛好相反，他們無法接受事情跟自己想的不一樣，對於不合自己心意的事，他們會有非常多的情緒，並且用盡一切方法想要改變它。

能接受「事情不會盡如人意」的人並不是消極的，他們只是接受，並且決定自己要做些什麼。在接受的過程裡，他們不會陷在負面情緒之中，只是讓這個結果存在於此刻。難過、憤怒之類的情緒當然也有，但不會持續太久，也不會強硬的堅持改變結果，他們能接受結果或許就是如此，也允許自己去為了想要的結果做些什麼。簡單來說，他們的人生由他們自己負責。

那不能接受的人又是如何呢？他們對於那些討人厭的事情和結果感到憤怒、悲傷、痛苦，認為這中間一定出了什麼差錯，事情不該是這樣的。他們需要找個對象來生氣、來怪罪，否則沒辦法解釋為什麼自己的人生會不順遂。於是他們開始怪自己、怪父母、怪朋友、怪同事、怪老闆、怪情人、怪客人、怪社會、怪世界、怪老天……，反正他們總是能找到一個可以為這件事情承擔責任的對象。

簡單來說，他們要別人為他們的人生負責，他們壓根沒有打算承擔自己的人生。

看到這裡，如果你出現了「不是啊！啊就……」、「可是……」、「但是……」、「也不能全怪我吧？」之類的念頭，請你務必繼續看下去。你買這本書是為了解決問題，不是為

了罵我；我寫這本書是為了讓你有機會解決問題，而不是為了攻擊你。如果你覺得越不舒服，就有越高的可能性是我指出了問題，既然你都看到這裡了，不妨把後面看完再一起罵我吧！

其實「不成熟」並不是什麼丟臉的事，我這一生幾乎沒看過幾個真正成熟的人，就連我自己，我都不敢說有多成熟，充其量也只能說自己在這條道路上努力而已。

不成熟其實不完全是我們的錯，你不用急著怪罪自己。在成長的過程中，有太多機會可以讓我們的成熟之路受阻了，舉凡父母的關係、教養方式、同儕關係、老師的態度、學業成績……全都有可能成為阻礙，更別提那些隨時隨地都可能發生的天災人禍了。

我們無法選擇自己的生長環境，這點是不論貧富貴賤，任何人都一樣的。年幼的時候，我們可能無法避免自己受到創傷，但長大後，我們有能力決定自己是否要去治療那些創傷，並且好好的成為一個身心健全的大人。

而要變得成熟，我認為第一件事，是必須學會「負責」，而不是「受責」。太多人把「受責」和「負責」混為一談了，認為承擔起責任的方法，就是被罵被懲罰，如果沒人罵自己，

那就自己罵自己，這樣也是負起了責任。

但「負責」跟「受責」這兩者，從根本上就不同。「負責」指的是：知道自己在做什麼，也願意接受自己選擇後的結果；「受責」則是：為了不好的結果受到處罰。

在「負責」的概念裡，結果就是結果，雖然有喜歡與否的差別，但沒有絕對的好與壞，也不存在懲罰這回事；但在「受責」的概念裡，懲罰就是一切，只是如果運氣好，結果是好的，就沒事；如果運氣不好，結果是不好的，那麼就必須有人得揹這個鍋。

「受責」只是藉由罪惡感，來讓自己覺得好一點，好像自己是個懂得自省也願意負責的好人。只懂受責的人，會在發生不好的事情時，不斷的攻擊自己（在過度檢討的篇章裡會有更多說明），但不會仔細去思考在這件事情裡，有哪些部分是自己的責任，而自己又可以做些什麼樣的努力。

而「負責」的人，不會花什麼力氣在怪罪自己上頭，因為事情已經發生了，而且那也是自己的選擇。所以比起抓戰犯，負責的人會花時間去思考自己的責任在哪些地方，也願意在這些地方做改變。

說到這，你可能會覺得負責跟自己的溝通問題到底有什

麼關聯？這兩者的關聯在於：當你學會了負責，就不會再把問題丟到「觀念不合」上，讓「觀念」來為你不良的關係揹黑鍋。即使彼此的觀念不同，也能夠去尋找讓兩個人能夠相處的方法，因為這是你能努力的事，所以你的關係不必再侷限於 A 或 B 的選擇裡，你會有能力去找出一個讓彼此都可以接受、也能真的解決問題的 C，甚至是 DEF。

「無法溝通」其實不是關係破裂的原因，而是自身問題所顯化出來的結果。一個有足夠能力照顧好自己的人，會想出各種有創意的方式，來維持一段關係，即使不是每次的溝通都很順利，他們也能慢慢找出適合彼此的方式。

雖然現在的你，可能還不太擅長經營關係或溝通，但不要心急，只要你能慢慢克服這些問題，你一定能夠創造出屬於你的獨特的良性溝通方式。

離開你，
我想我應該會好很多

指責

○
○
○
○
○
○
○
○

　　你遇過以下這幾件事嗎？自己全心的付出，男／女朋友
還是離你而去；明明有好好跟別人交朋友，但朋友卻討厭你；
別人都想找你的碴、破壞你的感情；不了解你的人一直說你
壞話；全世界沒人了解真正的你⋯⋯

　　如果有的話，請你認真的往下看，或許本章能夠提供你
一些答案。

　　這世界上有一種人，很習慣討好別人，不論發生了什麼
事情，他們都習慣把別人的需求和感覺，或是當下的情境，

作為第一優先。對於自己的感受，不是置之不理，就是擺在最後。

這篇要講的，是這種人的相反——覺得「千錯萬錯都是別人的錯」的人。

如果你看到這裡覺得很火、想要撕書，覺得自己根本不是這種人，那很好，我鼓勵你繼續看下去。因為如果你的戀情沒有任何問題，你大概不會把這本書拿起來，既然你的戀情出了問題，或許你該看看問題是不是出在這裡。

先說個小例子：曾經有某個來找我諮詢的女生，問我為什麼對方都不理她？我告訴她：「你給人家壓力太大了，他會想逃。」女生跟我說：「那他要改改他這種愛逃避的個性啊！為什麼不改呢？」我回答她：「以你現在的態度，換作是我，我也想逃。」

有一類型的人很妙，他們覺得錯的都是別人，不是自己。吵架了？誰教對方要惹我生氣；遲到了？誰教路上車這麼多，害我來不及；限量商品賣完了？這間店實在很不會作生意，連個慰問品都沒有，害我白跑一趟，下次不來了；跌倒了？誰教旁邊的人要跟我講話，才會害我走路不小心……，不論發生了什麼事，似乎都不是他們的問題。

正因為都是別人的錯，所以他們可以振振有詞的大聲咒罵、指責，他們理所當然的態度常常都讓我感到欽佩。

　　當然，這樣的性格必然會對他們造成一些影響。有些人被排擠、有些人被甩、有些人沒人想跟他說話……。而這些不同的經歷，也會逼得他們不得不做出一些調整——有些人變得講話比較委婉、有些人變得不太說話、有些人變得比較會認錯或是替人著想，當然，還是有些人覺得都是別人不識貨，自己沒有改變的必要。

　　這種人通常都很在乎自己，但不怎麼在意別人。他們最優先重視的就是自己的感受、自己的想法、自己的立場，別人怎樣那是別人家的事。當朋友告訴他們：「你這樣說話讓我很受傷」時，他們會說：「我講話就比較直啊，你又不是不知道。」這句話的意思是：我講話直不是我的錯，你必須忍受；當情人跟他們說：「我不喜歡你這樣」的時候，他們會憤怒的說：「可是我就是這樣啊！愛我就要愛我的全部啊！你怎樣怎樣我都沒有說什麼了！」，但當他們跟情人說：「我不喜歡你這樣」的時候，情人如果比照辦理，回答：「愛我就要愛我的全部啊！」，他們就會說：「可是你這樣不行啊！你要改啊！這樣我們怎麼會有未來！」

別人的錯都是錯，他們的錯都是做自己、愛自己。這樣的狀態還想找個可以無條件永遠愛自己的人，我真心覺得不是上輩子互相欠債，就是在癡人說夢。

在他們的認知裡，世界是繞著他們轉的，任何不如自己意的事，就是別人錯了、別人對不起他們，自己實在很委屈很可憐。在這個運作邏輯下，任何在他們身邊的人都有可能成為犯錯的一員，那誰要待在他們身邊呢？

不管是情侶吵架，或是喜歡的對象不喜歡自己，甚至是友情不順，他們都不認為是自己的問題，而這點就是他們所面臨最大的問題——如果都是別人的錯，他們根本無法要別人改變，既然別人不想改變，那他們的關係就沒救了。

換言之，如果不客觀找出自己在關係裡該負起的責任，只是一味的責怪他人，對於感情是沒有任何幫助的。假設一個想挽回前任的人，認為錯都在前任，那是要挽回個屁啊？前任都不想跟他交往了，怎麼可能會做什麼改變？既然不改變，那又要挽回什麼？

如果不重重的摔上一跤，或是連摔很多跤，這類人永遠不會發現自己有什麼問題，因為在他們的世界裡，有問題的永遠是別人，自己則是個憤怒的受害者。

看到這裡，或許你會覺得這種人很糟，如果你有這些傾向，甚至會開始產生羞愧感。但我想告訴你的是，這種人總是把矛頭指向別人，其實是因為他們不知道怎麼辦。他們不知道，如果自己犯了錯，並且承認這些錯誤，自己是否就沒有價值、不值得被喜歡。

　　他們很寂寞，也很脆弱，長期將責任丟到外界的行為，並無法讓他們變得更有力量，或得到更多愛。相反的，正因為責任都不在自己身上，他們除了憤怒以外，什麼都做不到，憤怒是唯一讓他們感到自己有力量的方式。他們被自己建築的世界給孤立了，因為別人都是錯的、有害的、愚笨的，所以不能信任，只有自己才是真實的、可靠的。這樣的想法使他們變得孤單，而孤單又讓他們更加的憤怒。

　　如果你是這種人（老實說我覺得這種人不會看這本書，除非摔了個狗吃屎），我想邀請你，先停止你的憤怒，仔細感覺一下，你在憤怒的到底是什麼？

每個憤怒的背後都是一種無能為力，因為覺得自己無法改變什麼，所以只好用憤怒來讓自己的力量得以伸展。每個人無力的事情都不同，有些人對於自己一直無法把事情做好感到無力，所以他們表現出生氣；有些人對於無法好好經營關係感到無力，所以他們用指責來試圖矯正關係；有些人對於不順利的生命感到無力跟自憐，覺得自己受到了迫害，所以他們對世界感到憤怒。

　　那你呢？你對於什麼事情感到無力呢？你允許自己擁有無力感嗎？

　　接受自己的無力，是讓自己變得有力量的第一步。無力並不丟臉，人類能做到的事情本來就少得可憐。我們既無法操縱生死，也無法改變自然的法則，有時候，我們甚至連改變別人對我們的印象都做不到，所以如果你有無力感，那絕對是一件再自然不過的事了。

　　當你允許了自己的無力之後，你可能隨之而來會出現的感受是難過。無力跟難過是好朋友，它們常混在一起。人們會難過於自己的無力，覺得自己很沒用、很渺小，接著才會出現憤怒。越不允許自己無力與難過的人，越容易憤怒，因為憤怒是一個讓自己看起來不那麼軟弱的表現形式。

在你經歷了接受自己無力與難過的過程後，現在我要請你回想一下，在你的生命裡，常常看到誰指著別人罵？而誰又在挨罵呢？

我們會學習雙親的相處模式，因為那是我們最常經歷的。不論我們願不願意，我們都有極高的可能性與自己的父母變得相似，即使我們覺得他們不好、想要反抗，也只會在形式上看起來相反，但骨子裡還是一樣。例如常常看到父親責怪母親的孩子，長大後也會學會這件事。如果是女性的話，則容易因為覺得母親在關係裡過於弱勢，不想步上母親的後塵，因而效法父親。

你仔細回想一下，是不是有一個人常常在罵人呢？他總是在說別人不好、責怪別人的不是，常常都看起來很憤怒，而身邊的人似乎都要配合他，否則就會發生些不好的事。

你覺得你說話的方式跟他像嗎？你挑剔的事情跟他一樣嗎？你講話的口氣跟他如出一轍嗎？你喜歡他嗎？如果你不喜歡他這樣，為什麼你會變得跟他很像呢？是因為這樣的方式讓你感覺到什麼嗎？例如有權力、別人會聽你說話、很安全、可以讓別人閉嘴……還是其它的呢？

或許到現在為止，通篇看下來，這種人幾乎一無是處，

你可能為此感到憤怒或沮喪，但現在，我想跟你說些指責的人的寶藏：

習慣用指責的姿態生存的人，是很有肯定自己的能力的，你知道自己哪些地方很好，而且你不會去否定自己的好。不僅如此，你也是很果斷的，高度的決斷力讓你在執行事情的時候，可以節省許多的時間。同時，你也很勇敢，不怕得罪人，這點也是很了不起的。

沒有任何一個人是沒有優點的，只是當運用的方法不當時，這些好處就被忽略了，變得只看得到壞處。

其實你要做的事不多，你也不用把整個人徹頭徹尾的換掉，你只需要添加一些新的東西到你的生命裡就可以了，而那個東西就是別人的感受。

你對感受不是不敏銳，只是你太少去顧及別人，所以你也沒辦法理解為什麼別人要惹你生氣、要讓你傷心。現在，你要學習的事情，是去問問對方的感受，不是責罵對方或逼問對方，而是平靜的告訴對方：「我現在覺得很難過／生氣／無助，但我想知道你的理由，你可以告訴我發生什麼事了？」

這件事情最難的地方在於，你可能會以為自己很心平氣

和，但別人感覺可能不是如此。這裡建議你，可以找幾個你覺得信任的朋友，模擬一些過去吵架的場景，或是你曾經說過的話，不僅要重現你的原話，也要採用當時的口氣，讓身邊的朋友幫你確認，你的口氣是否真如你所想的那麼平靜。

當你採取新的作法後，一開始可能還是會控制不住自己，這時候別急，也不用責怪自己，覺察自己才是最重要的，沒有什麼習慣是可以瞬間被改變的。如果還是發了脾氣、責怪了對方，就去道歉吧！然後再用平靜一點的狀態嘗試一次。如果你跟你的對象已經交往很久了，對方一開始可能會戰戰兢兢，不敢告訴你自己的感受。遇到這種狀況時，千萬別發脾氣，你只要告訴對方：「如果你想說，我會聽」就好，讓對方慢慢習慣你的改變、增加表達自己的信心。

如果你願意嘗試這些的作法，這表示你已經不再是個覺得都是別人的錯的人，你已經開始願意為自己負責了。不要給自己太大的壓力，只要願意開始，一切都會慢慢改變的。

成長是條人生的路，
卻總有人在路上掉了隊

精實焦慮

⚪
⚪
⚪
⚪
⚪
⚪
⚪

　　我認識很多很上進的人，他們熱衷於追求成長、提升自己。他們的上進心幫助他們達到了很多的目標，也讓他們得到了許多人的讚賞。他們是一群非常努力的人，也非常的有行動力，在現存的社會體系下，這樣的人往往都能成為社會的中流砥柱、菁英分子。

　　但在光鮮亮麗的社會認同背後，他們卻不見得能獲得一段理想的關係。

　　他們最常發生的狀況，是希望對方能跟自己一起成長、

一起變成一個更好的人，不管在任何方面，都希望對方能夠和自己一同提升，兩個人都能變得更好。

他們這種求上進的姿態和努力進取的心其實很吸引人，很多希望自己能變得精實，或是認為自己的人生沒有目標的人們，會因此而喜歡上他們。認為在他們積極進取的光環旁，自己也能變成這種人。

如果他們沒有太不擅於社交的話，這類人的感情一開始多半不會太有問題。因為他們的上進心，往往為他們帶來良好的硬體條件或社經地位，他們在交往前會遇到的問題，比較多是他們看不上別人。

但在進入交往之後，滿心希望伴侶和自己一同成長的他們，常會不小心將生活安排得過於精實，除了最基本的進修、努力、人生要有目標有方向有想法以外，嚴重者，甚至連休假的每一分每一秒都要被運用在有意義的地方，不允許自己的時間有一絲一毫的浪費。

我就曾經遇過一個很經典的例子：

在某次我參加的一個課程裡，有一位女性提到她最近一直覺得很疲勞，大家問她有沒有讓自己好好休息，她回答我們：「有啊！我覺得放假就是要徹底的充電，我會盡全力去

做任何能讓我充電的事，所以我會特意到海邊擺爛。」在她發表完之後，在場的同學們面面相覷、沈默不語，直到有一個同學開口說：「你連擺爛都這麼努力啊？那妳真的有休息到嗎？」

這是個過於精實的案例，精實到連休假都必須努力在「充電」這麼不需要努力的事情上，以致於當事人雖然心裡沒有察覺，但身體卻不斷出現提醒她別再努力的警訊。

這類人就是如此的努力精實，精實到他們對另一半，也往往是用同樣的標準去要求對方。

他們和指責的人不同，他們並不是故意要刁難或是嫌棄對方，他們只是希望對方也能成長，也能跟自己一樣一直往變得更好的路前進，所以他們會竭盡所能的幫助對方，讓對方也成為一個更好的人。而他們竭盡所能的方式，通常是帶著對方一起參加講座、讀書、學習，卻不見得注意到對方是否真心喜歡。

長期過於精實的關係到了最後，常常都是另一方被壓迫得受不了，最後採取擺爛，或直接提分手告終。

這樣的狀況對於他們來說是很難理解的，他們會認為：「成長不是一件很理所當然的事嗎？人怎麼能夠都不成長呢？

這樣很可怕啊！為什麼對方會因為我希望他成長，而想要結束一段關係呢？」於是他們暗暗的難過，但又不知道該怎麼辦，只好期待下一次遇到的對象，是個願意與他共同成長的人。

其實呢，這類型的人，通常會被我稱為「精實焦慮」。他們熱衷於成長的程度已經遠遠超越了「喜歡」，甚至是到達了「必須」的境界。他們無法停止成長，就像背後有鬼一直在追趕他們，只要他們一停下腳步，就會被鬼吃掉一樣。

而他們背後的鬼，則是從小來自父母的教條，以及認為自己不值得被愛的恐懼。

或許是從小父母的教育，或是發生過的事，讓他們深深相信人必須不斷進步、必須不斷提升，否則很快就會被別人追上，而被別人追上之後，自己就再也沒有被愛的價值，所以才會對於成長如此執著、對於無法領先如此恐懼。

成長是確保他們能夠繼續被愛的手段。即使事實並非如此，他們也仍然這麼堅信著，因為過去的經驗告訴他們，只要能一直進步，就會得到稱讚、就會被關愛，所以他們不得不繼續抱持著這樣的想法前進。而這樣長年累積出來的信念，讓他們即使不想要成長，也會因為停止努力成長後，自己看

來似乎無所事事的狀態而感到恐慌。他們並不知道，停止進步後的自己，活著還有什麼意義？自己的存在還剩下什麼價值？

而讓這個狀況最難以化解的，則是這個社會的期待。「上進」是一件非常符合社會期待的事，所以這類人在非感情事務上，通常都會得到不錯的結果。而這樣的結果讓他們對於「上進」的必要性更加的深信不疑，秉持著「為對方好」以及「我們要一起走下去」的心情，加上社會觀感的加持，他們的正確性就變得更高了，他們可以光明正大的將這樣的正確性加諸到另一半的身上，只要對方不願意，就可以指責對方不上進、沒出息、沒未來。於是最後一段關係，就在「上不上進」的爭執中結束了。

如果你剛好是這類人，我想跟你說個曾經和這類人交往的經驗。

很多年前，我交過一個很要求上進的女朋友。她是個極

度社會化的人，她很知道在社會上立足需要些什麼，也知道金錢與社會地位的重要性。當時的我很年輕，對於社會認同的渴望也很強烈，和她簡直是一拍即合。

她常常跟我說要進步、要認真、要成長、要學習，我很認同她的想法，我也很努力，但卻好像常常達不到她的要求。我不知道怎樣才算夠努力，好像只要沒有達到一個社會地位的認可，或是存款沒有達到一定的數字，就是一個在社會裡不太成功的人。

當然，有時候的她也會因為疲勞或心情不好，而說出一些負面的話。這時候如果我認同她，她又會說：「不行啊，我說說而已，怎麼可以這樣。」這點也搞得我很混亂，不知道她想要的到底是什麼。

最後，由於我越來越無法負荷這樣的上進能量，加上一直無法得到她的認同，我開始越來越沮喪，對於進步這件事也有點心灰意冷。我覺得自己似乎永遠無法達到她的要求，於是我開始在這段關係中擺爛，因為我不知道要怎麼處理才好。

我變得不想聯繫、不想見面，也不想維持感情，因為只要一聯絡，我好像就得去面對「自己是個不夠好的人」這件

事。我變得很想逃走，但心裡捨不得這段感情，卻又不知如何是好。

這樣的關係，想當然是無法繼續維持下去，所以我們分手了。對方當時也很難過，她只知道我不想維繫，但她不知道到底是為什麼。

幾年後，她因為和當時的伴侶關係不順，打了通電話給我。她問我：「你跟我交往的時候，我給你很大的壓力嗎？」我回答她：「嗯對啊，我覺得在妳心裡，我好像永遠都不夠好。」她才明白，原來自己的感情問題，常常都來自於這過分的嚴格。

我並不是說上進不好，但當我們太致力於某件事的時候——不論是任何事——都容易忽略了彈性。

每個人都是不同的個體，既然是不同的個體，那各方面的能力自然也不同。有些人能夠承受極大的壓力；有些人非常有毅力；有些人非常擅於社交；有些人特別聰明。在每個人的特性不同的情況下，要求別人和你一樣，是一件很困難，而且不合邏輯的事。

我知道當你在要求對方的時候，同時也是用極高的標準在要求自己，因為你一直以來都是這樣努力著，但你忘了，

對方並不是你啊！對方有自己的步調、自己的節奏，跟自己的方式，對方不是不成長，而是你們成長的路徑不同。

　　我能理解你並不想逼著對方，我也知道你只是希望對方也變得更好，然後你們可以一起走下去，但如果原本的方法行不通，那或許我們得試試別的方法。

　　所以在這裡，我建議你嘗試的第一個方法，是容許你自己不那麼努力。是的，我希望你可以有一小段時間，允許自己不成長不進步，甚至什麼都不做，只是像個植物一樣的活著。

　　所有我們不允許別人做的事、別人做了我們會看不順眼的事，都是我們不允許自己做的事。我們不允許自己的事情越多，我們就會變得越僵化、越無法接受各種可能性進入我們的生命。這樣的僵化狀態，非常容易導致關係破裂，因為我們不接受對方存在著我們不認同的特質及形式，講白一點，我們會無法中性看待對方那些我們所謂的「缺點」。

　　所謂的「缺點」其實都只是一種特質，它是我們對於自己不願接受、不認同的特質的稱呼。我們總是想扼殺掉這些「缺點」，但這些缺點不會因為我們的抹殺而消失，只是化作我們意識無法察覺到的「陰影」狀態，持續留存在我們身

上，並且在我們沒有意識到的方面發作。

任何要求自己上進的人，都是想變得完美的人。當你相信只有完美才能被愛的時候，你就會用盡全力讓自己變得完美，但在這個過程中，你不僅無法真正殺掉你的缺點，還會因為僵化的模式而破壞你所想要的關係。

要知道，完美並不是一個單一狀態，所有已成形的事物，在存在的每一分每一秒裡都是完美的，只是它們各自以自己的方式來向世界展現完美的不同樣貌。同理，已經存在的你，也是完美的，只是你相信自己並不完美。

所以，我希望你學會的唯一一件事，就是允許自己不完美，因為你所追求的完美並不存在。放鬆是努力進取的相反，但它們必須同時存在，就像你必須呼氣才能吸氣一樣，沒有一個人能夠不呼氣卻不斷吸氣的，所以也沒有人能夠不放鬆而持續努力，你必須給自己更多的彈性。

當你允許自己能夠真正的放鬆，什麼都不做也很好，就等於你相信了自己被愛的價值，你將不再被永無止盡的恐懼追殺，再也不需要擔心自己是否會被追上、自己是否隨時都可能不再被愛。你不僅允許了自己能夠更輕鬆自由的生活，同時也允許了自己無條件被愛的可能，唯有如此，你才可能

接納另一個人，而不是用壓迫的方式控制對方，讓對方跟你一起被身後的鬼追著跑。

我就像飛蛾一樣，
總是往那名為渣男的火光飛去

總是遇到同一型的人

　　「為什麼我總是喜歡渣男？」這是以前常會有女學生問我們的問題。

　　一開始我對於「為什麼有些人總是喜歡會讓自己痛苦的人」，也感到非常納悶。這些人不是不知道對方可能會傷害自己，也不是不知道彼此可能不適合，但每每遇到這種特別吸引自己的類型，就像飛蛾撲向火一般的勇往直前，讓自己在一段痛苦的關係之中無法自拔。

　　「總是喜歡同一型的人」其實是個很常見的現象，但它

不見得對每個人來說都會構成問題。當大家仔細清點過自己喜歡的對象之後，不難發現，其中有許多人都在某些地方有著共通點。例如有些人特別喜歡看起來斯文的，有些人則是喜歡活潑外向的，有些人容易喜歡獨立的……，每個人喜歡的點都不同，但某些特點重複出現在自己喜歡過的人身上的機率卻很高。

會導致這個結果，跟「喜歡」的構成有很大的關係。

「喜歡」是由投射和投資組合而成的。「投資」顧名思義，就是我們花在這個人身上的時間、心力、金錢等等我們所擁有的資源。只要我們將自己的資源越大程度的投注在某個人身上，我們就越在乎一個人。

與投資不同，「投射」的牽涉範圍就更廣了。在戀愛關係裡，「投射」指的基本上就是我們在他人身上看到了自己羨慕的、缺少的特質或事物，於是產生了一種「和這個人在一起，可以滿足我什麼」的情感。例如內向的人容易喜歡外向的人，因為對方的外向是自己所缺乏的，所以會對對方產生一種仰慕之情；又或是急躁的人相對容易喜歡沉穩的人，因為與沉穩的人在一起，很能夠讓自己產生安全感。所以簡單來說，只要一個人讓我們產生了：「哇！跟這個人在一起

好棒！」的感覺，「投射」就產生了。

既然「投射」的成因是我們所缺乏的東西，那麼我們會容易喜歡同一類型的人，就解釋得通了——某一類型的人就是能滿足我們認為自己的缺憾。

這時候可能有些人又不明白了：「那我為啥都喜歡會傷害我的人？他們只讓我被傷害而已啊！他們滿足了我什麼？」

每個人需要被滿足的東西，不見得是像剛才講述的這麼外顯而明確，有些東西是很深層的、難以被發現的。

以前我有個學生，非常容易喜歡某個類型的人，她想破頭都不知道為什麼。在我們進行了多次的討論之後，我赫然發現，她喜歡的人在很多地方都有和她爸爸相同的特質，而她和爸爸的關係並不好。

在那次的討論之中，她跟我說她無法原諒爸爸很多事，也和爸爸的關係很疏離，但她的內心是很渴望與父親建立良好關係的。這時候她才明白，原來她在這些男性身上，尋找的是父親的影子，而她與他們之間的關係，只是她與父親關係的一種補償。

再舉另一個例子：我有個朋友，談戀愛的時候都很**轟轟烈烈**，總是要上演雙方愛得死去活來的戲碼，每次我看她在

談戀愛，都覺得像在演瓊瑤戲。

在她的戀愛關係裡，很容易出現前期愛得很濃烈、彼此海誓山盟，後期卻是「我愛你，但我不能愛你，所以我要離開你」的情節。每次分手的時候她都哭得很傷心，即使她和對方已經分手又復合了十次，這個套路也都沒變。

某次和她聊天，我意外的發現，她在這個戀情裡尋找的，是非常激烈的「愛與被愛」的感覺。她追求的是自己很愛對方，而對方也很愛自己，兩個人用盡一切方法在愛著。這樣激烈的方式，才能讓她感覺到對方愛著自己，而自己也深愛著對方。

既然她在感情裡尋找的是「強烈而深刻的愛」，那麼她當然會喜歡上一個愛得很激烈的人，因為這才會讓她產生被愛的感覺。

人們在感情裡，需要被滿足的東西往往不會只是單一的項目，通常都是複合式的，甚至我們可能根本不明白自己內心深處到底想要的是什麼，因為我們的意識會不停的告訴自己，哪些對我們有利。於是我們一直以為自己喜歡的是某些特質或條件的人，卻無法理解為什麼總是被不同於自己理想的人吸引。

如果「總是喜歡上同一型的人」這件事很困擾你，那麼我有些概念想要給你。這些概念不是很輕鬆就能做到的事，但一邊參考本書其它章節的各種作法，一定能協助你慢慢脫離現在的困境。

如同我們前面所說的：「投射是來自於我們需要被滿足的地方」，它就像一個供需法則，只要有需求，不管這個東西代價有多麼的高，人們都會頭皮硬著付出代價，只為了在短暫的時間裡獲得滿足。這就像食物一樣──如果本國無法自產，就只能仰賴進口，如果哪天進口商不爽了，那也只能任人宰割。但如果可以自產自銷，那麼就不用非得進口不可，自然也就不用看人臉色。

這個意思是：只要你能滿足你自己，那你就不需要依靠別人來滿足你所欠缺的事物。當你一直以來缺乏的東西被滿足了，你對這個東西的需求就消失了，自然而然地，會吸引你的類型就改變了。

而這個「滿足──改變」的過程，就是所謂的階段。

你一定知道，人生在不同的階段裡，關注的事物都不同。

國高中的時候，大家重視的可能是學業成績和同儕關係，而到了大學，可能就變成社團活動或是戀愛關係。剛出社會的時候，很多人重視的是「這個工作是不是自己的興趣」，以及薪資待遇；出社會五年十年之後，對工作的要求變成了「有沒有發展性」、「穩不穩定」、「能不能有自己的時間」，至於年輕時在乎的學業成績，早就沒人在意了。

這樣的階段，不僅在人生裡存在，在感情裡也存在。但大多數的人會以為感情的階段跟年紀有最直接的關係——例如要談談戀愛，還是要結婚——卻鮮少有人知道，比起年紀，感情的階段和自我的心智發展有更大的關係。

我們在成長的過程中，會因為個人的特性，以及生長環境、經歷等等因素，產生不同的需求。一旦這些需求不被滿足，我們的成長就會有一部分卡在那個時期，而其它部分將繼續成長。

這個狀態幫助我們能回應社會對於我們年齡的要求，讓我們不至於無法在社會上生存，但相對的，也掩蓋了那些我們沒有好好發展的部分。由於在社會上生存的狀態看似不錯，導致我們沒發現，自己有很多內在層面根本沒有被滿足。

而戀愛這種親密關係，基本上就是家庭關係的延伸，所

以當我們進入到戀愛關係之後，那些未曾被滿足的內在渴望，就會一一浮現，並且影響我們的情路。

我們對於戀愛需求的第一個階段，往往都是來自各方資訊的渲染。那些曾經看過的小說、漫畫、電視劇、電影，會構成我們對戀情的第一個想像，讓我們產生一種「啊！戀愛好像應該就是這樣」的感覺。而這些資訊的內容往往都很夢幻或是激烈，所以大部分的人在剛開始談戀愛的時候，對戀愛的嚮往通常都很不切實際。

在通過了初期的階段之後（如果對於這種轟烈感沒有被滿足，很容易就會一直停在這個階段，不管交了幾個都一樣），我們對於戀愛有了更深一層的了解，也明白了真實世界的感情，和書上電影上描述的都不太一樣。到了這個時候，戀愛的需求就開始變得更加的個人化，也就是前面所提到的個人需求。我們不再將想像中的戀情套入那些公式般的模板之中，而是更明確地投射在自己未被滿足的事物上。

這種時候，大部分的人會覺得自己明確知道想要找的對象，但戀情的層次仍然停留在「希望對方滿足自己的需求」之上。

接著，我們就會開始在戀情裡，不斷重複「滿足未完成

的渴望」的動作，直到那些需求消失為止。

　　以我自己為例：在我還沒辦法照顧自己的時候，我喜歡溫柔的、會照顧人的女性，對我來說，「戀愛」是為了讓我找到一個能代替我來照顧我的人，因為我不知道照顧自己是重要的，甚至我不知道「把自己照顧好」是被允許的。在我以前的觀念裡，照顧自己的人是自私的，所以我得找一個人來照顧我，我才不會變成一個自私的人，而關係也才會看起來很美好。

　　而當我對於「交女朋友」這回事變得越來越熟練之後，溫柔這個特質變得越來越單薄，我越來越不在意這件事。或許是因為我已經取得了被照顧的經驗，被照顧的需求已經被滿足了，所以我開始追求自己對於「被照顧」這個需求更深的成因——自我中心。

　　就像前面所說的，我認為照顧自己的人是自私的，我不願成為自私的人，所以「自私的自己」成了我無法承認的一個部分。在這樣的影響下，我覺得能夠以自己為重的人很有魅力，因為他們看起來能夠自私的活得很好，這是我渴望，但卻沒有勇氣去做的事。

　　於是我開始被這類的人吸引，直到我允許自己能夠成為

一個自私的人為止。

　　在我允許自己也這麼做之後，我開始能夠區分出自私與自愛的不同，過去那些看似自愛，實則自私的人們，在我的眼裡變得不再有魅力。我從羨慕他們，變成覺得他們只是單純的自私人，於是不再被吸引。

　　多數時候，我們那些需求，都只是一種未完成的渴望。我們試圖透過其他人來讓那些未完成的渴望被滿足，卻未能如願以償。在我們找到那個解開心中的結的關鍵鑰匙以前，這個過程通常會重複下去。

　　要跳脫這種「總是喜歡同一型的人」最重要的關鍵在於：找出自己透過對方滿足的是什麼，並且由自己去滿足它。

　　喜歡的類型並不是一個原因，而是一個結果，它不是一成不變的，不變的是我們心中的遺憾和我們的生命習慣。「喜歡什麼類型」只是生命為了讓我們看清自己的課題，所採取的一種手法，因為人們總是無法看到自己內在那些晦暗不明，又令人不想想起的東西。

　　所以，當你下次再遇到一個你明知不妥，卻又深受吸引的同類型人的時候，千萬不要花時間去阻止自己喜歡上對方，這只會造成反效果。你該做的事，是仔細想想：「我在這個

人身上看到了什麼？或是讓我想到了誰？我想要滿足或彌補的東西是什麼？為什麼？」這些問題會讓你發現你的投射，幫助釐清你真正想要的是什麼，而不是一股腦的又往危險的戀情而去。

那些越折磨你的人，
都是你越放不下的人

分不了手

○
○
○
○
○
○
○

　　大家都說我們現在處在一個速食愛情的時代，交往與分手的速度，都比過去要快上許多。但古怪的是，即使在這樣一個連感情都快速變遷的環境裡，仍有些人對於分手有很大的障礙。

　　這些人可能到處跟朋友抱怨自己的另一半，認為對方有萬般的不好，可一旦朋友們勸他們分手，他們又會說：「可是我捨不得」、「他／她需要我」、「可是我還愛他／她」、「算了，再看看吧」。奇怪，明明他們抱怨得最兇，為什麼

又不願意分手呢？或是好不容易下定決心提了分手，只要對方回來哭求，就又馬上心軟呢？

而且，這些人多半條件都不會太差，卻寧願把自己困在一個不適合的關係裡，時不時的承受那些自己所不喜歡的相處，也無法果斷離開。

有些人會認為自己是心軟、懦弱、狠不下心、不夠果斷，才一直離不開對方。他們會在要分手前，一直想到對方的好處，心裡想著：「哎呀，對方也不是真的這麼糟嘛」，或是一直想到以前曾經美好的回憶，心中突然一陣難過，那些讓自己想和對方分手的理由，好像又不那麼嚴重了。這樣的心情，會持續到下次對方再犯，或是吵架的時候，然後在想提分手時，又會再一次想到對方的好，就這樣進入一個無限循環之中。

我是個講話比較直接的人，對我來說，會在想提分手時，不斷想起對方的好，不就代表這段關係還有些好處嗎？那個好處指的不見得是實質上的供應，有可能是情緒支持、溫柔體貼、被捧在手掌心上、填補寂寞、性關係契合、很有面子……等等。不論是什麼，那都是對當事人而言的「好處」，「好處」就是有利的人事物，既然就只是好處，那算什麼心軟？

就只是捨不得那些好處罷了。

美好的回憶也是同樣的道理——那些過去有過的好處，雖然現在沒有了，但仍然期待未來可以恢復，所以無法放棄。即使現在的關係不好，或是對方有很多的缺點，但那些缺點都沒有嚴重到當事人必須馬上離開的程度。與對方所提供的，或是可能提供的好處相比，這些缺點與壞處都沒有這麼嚴重，兩相權衡之下，當事人可能就會選擇保持現況。

如果是這種狀況，我覺得根本沒有必要分手。對方即使有令人不滿的地方，但必定也提供了當事人最需要的某些事物。既然雙方處在一個能滿足彼此需求的情況下，那麼這就是一段很適合的關係，而當事人唯一需要做的，只有翻到本書其它章節，設法改善這段關係的品質，讓彼此的關係變得更好、更穩固，其它根本沒什麼大礙。

而還有一些人分手的原因，其實也不是對方對自己有多不好，只是跟其他朋友的伴侶比較，或是聽從朋友們的話，認為自己的伴侶似乎沒有那麼優秀，於是心裡萌生了「想換一個更好的」念頭。

但說真的，和自己交往的人是誰？是朋友還是對方？無論別人說這個對象有多爛，如果自己喜歡，那就喜歡啊！有

什麼關係？為什麼非得要去追求世間所謂的理想對象不可？

當然，如果自己有本事，可以換個自己覺得更好的對象，「想換」這個念頭絕對是沒問題的，本來人就有選擇的權利。最糟糕的是，自己明明沒有能力，也不願意付出讓自己變得有能力的努力，卻夢想著要有一個更好、更完美的人來愛自己，這就叫眼高手低。

所以很多人分不掉，其實不是什麼心軟懦弱，而是怕自己沒辦法找到一個比現在更好的對象。

一個催眠師曾經跟我說過一句話：「你知道要讓玩具壞掉的小孩不哭的方法是什麼嗎？給他一個更好的玩具。要治療失戀走不出來的人，或是一直陷在一段糟糕關係裡的人，只要讓他知道他能遇到更好的人就可以了。」

這跟換工作其實是一樣的道理。很多人一天到晚抱怨自己的工作、一直說要離職，聽他說了好幾年，也沒看他真的有什麼作為。而這也是因為不想冒險——如果我辭去了現在的工作，即使找到了新工作，也不見得比現在的好多少，而且又要面臨新環境、新同事，又有很多新的狀況和問題，人際關係都要重新建立，也不知道主管人好不好、升遷管道順不順暢，唉，反正現在這工作也沒真的這麼討厭，不如就再

做一陣子好了。

　　看到了嗎？這是一模一樣的情況──如果我跟現在的對象分手，也不知道找不找得到新對象，而且不知道還要多久才會遇到，遇到了也不見得比現在這個更好，然後又要重新磨合、適應、了解，還要認識對方的朋友、家人，也不知道對方的家人好不好相處，如果結婚會不會有很多問題。唉，反正現在這個對象也還沒真糟到無藥可救，不如再看看好了。

　　雖然他們口口聲聲說分不了手，但如果現在這一秒，突然出現了一個令人超級心動的追求者，我想這些一直說分不了手的人們，大概有八成以上突然就能生出分手的勇氣和決斷力了。

　　當然，也有一部分人會認為，自己之所以無法分手，是因為已經跟對方在一起很久了、習慣了，如果現在分手，也不知道下一個對象會如何、沒有信心可以重新磨合，也覺得自己以往的青春被浪費了。

　　這個想法跟上一個原因其實也沒差多少，重點同樣都在對於未知的恐懼感：不確定下一個對象在哪、會不會比現在這個更糟、如果放掉這個又沒有下一個，那自己就一無所有、不想再花時間磨合……。不喜歡現況，卻又恐懼改變，最後

只好拖著，拖到自己連最後的籌碼都沒有時，不是就這樣進入婚姻，就是在最糟的情況下被甩。

有很多人，真的很多人，因為不想冒險、害怕改變，讀了自己不喜歡的科系、做了自己不喜歡的工作、甚至嫁娶了一個自己沒有很喜歡的人，建立了一個自己不想面對的家庭關係。那些很愛提「當年如果我怎樣」的人就是如此，沒有勇氣做出選擇，只好一直待在不滿意的狀況裡，只好說些假設性的議題來安慰自己。

會有這樣的結果，其實是一種貪心：什麼都想要，又什麼都不想給，沒辦法做一個取捨，只想著要全拿，最後的下場很容易就是一無所有。

有些想當好人，所以無法提分手，只好在關係裡擺爛的人也是如此——仍然想給對方留下好印象，不希望直接破壞關係，卻又不想再繼續經營。這也是一種貪心。

所以說到底，沒辦法分手的終極原因，十之八九是貪心。

如果你剛好陷入無法分手的窘境之中，那麼請你往下看下去：

塔羅牌裡，有一張牌叫作「寶劍二」，就是在講貪心這回事。我在上課的時候，老師跟我說：「寶劍二之所以無法下決定，說到底就是貪心，什麼都想要，又什麼都不想失去，因為想全拿，所以始終拿不定主意。」

這讓我想到一個和國外男友交往了六年的朋友。

因為異地戀的關係，兩人見面的次數不多，分別在各自的國家過著自己的生活。而我這個朋友因為怕寂寞，在台灣也一直都有些玩伴。

她想結婚，但不想到對方的國家去生活，而對方也不大願意放棄自己習慣的環境與高薪，來到人生地不熟的台灣，領那不符合他能力的薪水。

在這個問題無法解決的情況下，他們的關係卡了好幾年，而這個朋友也始終沒有跟男友分手，專心在台灣找一個適合她結婚的對象，日子就這麼一直過下去。

直到近幾年，或許是時間到了，她似乎不得不做出一個

決定，於是她開始積極的尋找結婚對象，卻遍尋不著。為了這件事，她顯得很沮喪。

我覺得這就是一種貪心所導致的後果。

其實貪心並不是什麼很可恥的事，人嘛，多少都是貪的。如果可以，誰想要只能選一邊呢？

但因為貪心而損失更多，實在不是一件很划算的事，尤其當我們貪的，其實根本不是自己需要的東西的時候，就更是如此了。

就像我前面所說的，很多時候我們貪求伴侶有的條件，其實根本不是自己需要的。我們只是因為看到別人有，覺得很不錯，所以也想擁有看看，想被人羨慕，甚至認為這樣才能被人瞧得起。但常常在我們真正擁有了以後，才會發現，原來這些也不是我們真正想要的。

所以面對「分不分手」這個問題，我認為首先要釐清的，是你到底最需要些什麼，而你又可以妥協些什麼。（如果你真的不想妥協，那麼請讓自己擁有不需要妥協的實力，你可以參考另外兩本書《從左手到牽手》或是《是男人沒有眼光，還是妳不懂得發光》，在這裡我們就不多提。）

請你先花一點時間，列出所有現在當你想和伴侶分手時，

心裡放不下的地方，例如：其實很溫柔、有錢的時候對我也很大方、跟他相處很開心……等等。然後再列出那些讓你想分手的原因，例如：愛喝酒、不會理財，花很多錢在玩手遊、脾氣暴躁、無法溝通……等等。

這裡要特別一提的是，其實很多時候，我們依賴對方供給的事物，並不是我們理智上清楚的，也不見得是明確的優點。在這個情況下，如果你只列出優點，那麼很容易會忽略掉真正的原因，所以請你把你認為「會想起的」、「令你無法放下的」都列出來，而那些讓你想分手的情境也是如此。我曾經遇過有人一直抱怨男友沒錢，卻離不開對方。而在經過兩小時的對談之後，她才發現，原來男友沒錢這件事其實給她很大的安全感，因為這迫使男友必須依賴她、無法離開她，這讓她在關係裡取得了絕對的優勢，她就不需要擔心自己是否會被拋棄。

當你將這些原因都列出來以後，請你為這些有利的項目排出順序，仔細查看自己的需求，同樣也將不利的項目排序，並且看看有哪些是可以解決的。

之所以要你列出這兩者以及排序，並要你看看哪些可以解決，是因為要你了解到幾件事：一，你真正在意的是什麼？

是否有了這些之後，其它一些次要條件就不那麼重要？二，哪些你認為的問題，其實只是別人口中的問題，你本人並不覺得有什麼問題；三，而你真正認為是問題的問題，又有哪些是可以被解決的？

在這三點裡，第一二點是為了幫你了解自己，而第三點，則是為了維持長期關係最重要的能力。

很多人都會以為自己與另一半處不來、不合，是因為個性，所以總認為找一個不一樣的對象，問題就會迎刃而解。殊不知，每一段關係一定都會有問題，不管兩人個性再怎麼合都一樣。畢竟雙方來自不同的家庭、有著不同的成長背景，當然也會有不盡相同的價值觀，這點是不可能改變的。所以要奢求一段關係永遠沒有衝突、兩人永遠都不會意見相左，根本是天方夜譚。

但即使個性不同，即使關係會有問題，也不代表這段關係就沒救了。著名的家庭治療大師薩提爾女士是這麼說的：「問題不是問題，怎麼面對問題才是問題。」

沒有人能避免問題的發生，這就像要求我們所在的地球不能有細菌一樣荒唐。但即使細菌存在，大多數的人還是活得好好的，這並不是因為沒有任何人生病了，而是當我們生

病時，有方法可以醫治，所以我們不會輕易死亡。

關係也是這樣，有問題是常態，沒有問題的關係才奇怪。而有問題並沒有關係，重要的是怎麼去面對那些問題，以及如何去克服它。如果那些會破壞關係的問題可以被解決，我想很多人根本不必去面對「要不要分手」這個抉擇。既然如此，那我們為什麼不選擇解決問題，而是要去解決一個其實你也不想和他分開的人呢？

如果當你列出這些之後，發現問題完全無法解套，而且這個無法解套的問題，正好是你無法割捨、最最在乎的，那麼就請你果斷的提分手吧！

或許你會說：「如果我能這麼輕易做到，現在還需要看你這本破書嗎？」那麼我想問你：「如果這問題這輩子都無法解決，難道你要這輩子都待在這段破關係裡，持續個四五十年嗎？」

改變需要勇氣，但改變也會激發人們的潛能。尋找與建立一段新的關係或許很難很吃力，但沒有任何一件事比「持續做著自己知道有害的事，卻因為膽小而不願離開」來得更浪費人生了。如果你的無法離開是因為自身的軟弱，或必須依賴對方，那麼請你去處理自己的課題，而不是把時間繼續

丟在水裡，然後持續抱怨，這麼做一點都不會讓人生變得更好。

　　一個只能抱怨的人，對於自己的人生是沒有主控權的。因為他們什麼事都做不了，所以才只好呈現一個受害者姿態怨天尤人。而當一個人失去了人生主控權，自然就不會有力量，一個沒有力量的人，就只能讓自己的人生任人擺佈。

　　所以從現在開始，如果你不喜歡現在的關係，要嘛就是想辦法改變，要嘛就是鼓起勇氣跟對方分手，然後讓自己有能力找到一個你真正想要的對象。從現在就開始停止抱怨，抱怨不僅會把你的朋友們逼走，還會讓你永遠沒有力量去得到自己想要的。

分手後

♥ ••••••

Part

③

只要談了戀愛，基本上就會有些失戀的經驗，能夠讓戀情一次到位的人，在現在這個年代可說是少數中的少數。

　失戀不可恥，但很痛，痛到讓人茶不思飯不想，甚至生活無法自理。我想這樣的經驗，失戀過的人都知道，就不贅述了。

　有些人會視失戀為一種失敗的印記，有些人則視失戀為一個短暫的過程，雖然疼痛的感覺都存在，但隨著每個人看待失戀的不同，在失戀後所會得到的結果也不同。

　一段感情的告終，在當下對大多數的人來說都不會是什麼好事，有很多人久久無法走出失戀的傷痛，甚至罹患了官能症。

　但任何關係都是這樣，有開始就會有結束，只是每個不

同的關係，結束的方式不同。朋友關係可能是漸行漸遠，血緣關係可能是有人離世，更別提淺薄的同事同學關係，可能在離開那個環境的當下，一切就結束了。

我之所以這樣說，並不是為了鼓勵大家抱持著「沒有開始，就沒有結束」的想法，勇敢踏入一段關係，是為了得到自己渴望的親密關係的必要途徑。但當戀情結束之後，我們究竟能在這之中學到什麼？發現什麼？而又要怎麼走出這樣的傷痛之中，也是一門學問。

很多人不敢踏入關係，是因為害怕失去時的痛苦，或是不知道該如何面對。所以學習分別、學習療傷，是為了讓我們準備好踏入關係的前置作業，畢竟一段戀情結束之後，才會有另一段戀情的開始，而我們要為了下一次的戀情作些什麼樣的準備，則是本章的重點。

如果現在的你正處於失戀的困境之中，請趕緊翻開下一頁，後面的篇章裡集結了我失戀多達 19 次的精華，相信對你會有幫助的。

失戀就像經痛一樣，
五天就會過去

無法單身

○
○
○
○
○
○
○

　　有些人在失戀以後，會有一段時間不想再談戀愛，只想好好的沉澱自己，也就是一般俗稱的療傷。但也有一些人，失戀的時間並不長，俗話說得好：「治療失戀最快的方法，就是趕快再談下一場戀愛。」這些人就是這句話的最佳代表。

　　這類型的人很有趣，他們談戀愛的方式，很容易讓人覺得他們根本是為愛而生，不戀愛就會死。他們失戀的時候可能會很難過、哭得死去活來，但過沒多久，大家就會發現他們又交了下一個。這樣的效率，有時候真讓人不得不佩服他

們重振旗鼓的速度。

這些人一般不會覺得自己在戀愛上有什麼大問題，因為對他們來說，交個男／女朋友並不是一件難事，也不會覺得「一直交」有什麼不對，因為在他們的心裡，自己就只是一個熱衷於談戀愛的人。

我曾經就是這樣的人，而後來我也在關係裡吃了鱉，所以我發現，「必須不斷的交下一個男／女朋友」這個現象，其實隱含了很大的問題，只是在我順風順水的時候沒有發現罷了。

「必須不斷交下一個」的人，往往都有幾個狀況：一，無法忍受寂寞，無法跟自己相處；二，對自己其實沒有信心，必須靠「擁有伴侶」來讓自己安心；三，不給自己足夠的時間整理上一段戀情，不是帶著舊傷進入下一段關係，就是根本沒有吸收到上一段關係所要帶給自己的提醒，將關係結束的責任丟給命運或對方。「無法忍受寂寞」是推動他們拚命尋找下一段關係的主因，無法跟自己相處，則是因為對自己其實沒有信心。而在「對寂寞的恐懼」的驅使下，讓他們沒有時間去仔細思考上一段關係所要帶給自己的意義。

這三點就算獨立開來，也分別都是大問題，更遑論它們

被湊在一起時，整件事有多麼嚴重了。當它們像即溶咖啡一樣三合一的時候，人們將不斷地被它們牽著走，無暇去處理真正與自身有關的課題，只能一直靠著與他人交往來止痛，就像生活不順所以得靠吸毒來麻痺自己一樣，只是有這些問題的人所吸的毒，被世人稱之為愛情。

這類人因為無法忍受寂寞，必須不斷的交男女朋友，所以發展出了驚人的吸引能力（如果不具備強大的吸引能力，通常會是另一個狀況），而這一點又與「沒有信心」是掛勾的——強大的吸引能力會讓他們產生對自己的信心，透過別人的喜歡，他們能夠證明自己是足夠好的。但實際上他們又不真的覺得自己有這麼好，所以在長期關係裡，他們多半也沒什麼安全感，容易以控制或情緒勒索的方式來讓自己感到安全。不論他們有沒有發現這樣的方式會傷害到關係，都很難讓他們停止這樣的行為，因為當下的不安全感總是會迫使他們做出些不明智的事，即使他們知道這樣不好。

而當一段關係因為種種原因結束之後，重返單身的他們，又會馬上因為新對象的喜歡，而重新找回自信，在交往之後，再度進入一樣的循環。

當這樣的循環久了、他們開始對於不斷的戀愛感到疲憊

之後，他們可能會試著停下來，但很快就會發現這簡直是要了他們的命。沒有戀愛的生活讓他們的人生變得索然無味，他們需要戀愛的刺激來好好感覺生命的美好，於是他們又開始下一段戀愛之旅。

在不停換伴侶的過程之中，這類人還很容易出現一個傾向，就是希望過去的伴侶至今仍然深愛自己，即便自己早已不愛對方。

多數的人對於自己已經不愛的前任還愛不愛自己，其實不太在意，他們更在意自己現在的生活，或是目前的伴侶。但有些人就是很在意，甚至會為了讓前任持續地對自己抱有戀愛之情，時不時的去撩撥前任，讓對方不會真的斷得乾淨。會這樣的原因，其實也就只是因為對自己沒有信心，必須透過「這些人還愛自己」這件事，來感覺自己的重要與特別，否則既然不愛了，又何必貪心的要別人永遠愛著自己呢？

沒有信心、不喜歡自己，其實是這類人最根本的痛處。當空盪盪的房間只剩下獨自一人，而自己又沒事做的時候，那些討人厭的經驗和聲音就會不停的出現，提醒他們：自己到底有多麼的不足。

如果你是這樣的人，那麼你買到這本書真的是幸運，因為我也是你的同類。同為天涯淪落人，我想和你分享一些我脫離這個循環的經驗：

以前，我也是一個無法獨處的人。我不知道你的感覺和我是否相同，但只要獨處的時候，我就會非常焦慮，有時候甚至會有點坐立難安，如果不馬上找個人和我說話，就好像要被什麼東西吞掉一樣。

因為這樣，我有很多朋友，跟很多對象，畢竟大家不會天天有空，我總得有很多備用的方案，才能確保自己隨時可以找得到人陪。如果有局，而我又剛好沒女朋友，基本上我是不會缺席的，畢竟有人陪會讓我覺得不孤單，也順便可以維繫一下朋友之間的情誼，這樣大家下次才會再約我。

「怕寂寞」這個症頭，我花了非常久的時間才治好，或許花了有將近二十年。

一開始我也不覺得這是什麼問題，甚至我以為所有人都是這樣，所以我一直沒去處理它。直到我在整個治療自己的過程中，我才意外發現，原來我不停的談戀愛，是因為我想

逃避那種「覺得自己很糟糕」的感覺。

　　當時我採取的方法有點暴力，我強迫自己中止與多數人的聯絡，幾乎不跟任何朋友出去，所以我有長達半年的時間，過著毫無社交的生活。

　　這個方法其實很爛，所以你最好別學我。如果你想克服獨處的恐懼，那麼我建議你最快的方法——就是讓自己認真待在那個恐懼裡一次。

　　那裡必定有你所厭惡的東西，所以你才會逃成這樣，但真正恐怖的事情，往往都不是真實存在的事物，而是人們的想像。長期的逃避，讓你把那個恐懼養得越來越大，而時間拖得越長，你就會越沒有勇氣去看那團恐懼之中，藏著的到底是什麼。

　　所以，我邀請你，試著待在那個恐懼裡看看，去看看裡面到底是什麼東西，讓你如此害怕。

　　或許你會看到童年一些糟糕的回憶，或是你會聽到一些辱罵自己的聲音，也有可能你什麼也沒看見，但不斷的感覺到焦慮，即使你根本不知道自己到底在焦慮什麼。不管你看到、聽到、感覺到什麼，請你試著待在那裡，正視那團張牙舞爪的東西，看看它到底想向你表達什麼。

如果你不知道怎麼做，你可以試著閉上眼睛，進行數十次的深呼吸，直到你覺得自己比較平靜之後，開始想像那團恐懼的樣子，它可能是黑影、可能是妖怪，也可能是你媽媽。總之，想像它，然後盯著它，看看它的動作，聽聽它說了什麼，順便看看它想怎麼嚇你。

在這個過程裡，你可能會沒來由的害怕，因為它的樣子真的很嚇人。沒關係，這很正常，如果你太害怕了，隨時都可以睜開眼睛，只要你一睜開眼睛，它就會消失。如果你有足夠的勇氣，就繼續盯著它，看它要耍什麼花招。

恐懼有幾個慣用的手法，例如帶你回顧一段影像、讓你聽到一些聲音、讓你產生一些感覺。它對你做的事情都會有個特點：那些影像或聲音，通常都不是現在的事，多半都是你過去曾經發生過的，或是它想讓你認為你未來會發生的。它總是會找到你最害怕的東西來嚇你，可是當你仔細想想以後，會發現這些事情不是已經發生過了，就是根本還沒發生，而且你也沒辦法確定這些事情真的會發生。

如果你有看過《哈利波特》，或許你會知道書裡有一種生物叫「變形怪」。「變形怪」的特色就是變成當事人害怕的東西，然後嚇唬人。在書裡，面對變形怪的方法，就是冷

靜的看著牠，發揮自己的想像力，把牠想成一個最好笑的東西，並且大喊：「Ridiculous！」然後開始大笑，「變形怪」就會扭曲然後逃跑。

「恐懼」基本上就是這樣一個東西，它就是變形怪，它會用盡各種方法來讓你害怕。但我們畢竟不是巫師，所以不用把它想得很好笑，更何況大部分的時候，它給我們看的東西都很難變得好笑。

我們可以採取的作法，是看著它，然後告訴它：「謝謝你，我愛你，不管你給我看什麼，我都接受，我接受你是我的一部分。至今為止忽略了你，對不起，請原諒我。」如果它不願意停止，那麼就不斷的重複這句話，直到它停下為止。

當它停下的時候，表示你真的願意正面去看它要給你看的東西，而且也願意接受那是你的一部分。只要你接受了，這些東西就再也沒辦法威脅你了，就像綁架一樣，只要能夠接受肉票被撕票，就沒什麼好顧忌的了。

如果它展示的，是你所害怕發生的事，那麼我們可以借用 J.K. 羅琳的智慧，冷靜地對著它說：「Ridiculous！」或是如果你習慣講中文的話，就告訴它：「我的未來我要自己決定，謝謝你的提醒，我知道了。」

我們對過去的恐懼，是不想再經驗，我們害怕的是自己重回那個無能為力的現場。如果你有能力，你也可以認真回想那個深深傷害你的過去經驗，用你現在的心智，去帶領過去的你，用比以前更好的方法面對。如果你認為自己沒有能力的話也沒關係，只要看著它，然後接受它是你的過去就好。

　　而我們對未來的恐懼，則是對過去恐懼的延伸，我們害怕過去發生過的事情再度重演，所以想盡可能的避免。當我們對未知感到焦慮的時候，向恐懼宣示自己的主導權是個有力的方法，這可以避免我們因為被恐懼無力化，而開始逃避現實。

　　當你接受那些讓你對自己沒有信心的東西之後，乍看之下，信心雖然好像沒有長出來，但你已經能夠面對自己的恐懼，不再害怕自己會不會無能為力，這就是最強大的信心。人類並不需要擁有所有的能力，我們唯一需要的，其實只有面對問題的勇氣，與願意解決的信心而已。

　　要完成這件事並不容易，需要很大的決心與勇氣，以前我也是拚了老命，還花了很久時間才辦到的。所以沒關係，只要願意開始嘗試，離成功就更近了一點。在你面對害怕的過程裡，多多少少會看到一些過往戀情的畫面。透過好好的

面對，你就多少能明白過去的關係為什麼會結束，也能好好的讓這些過去真正的過去。

能有一直談戀愛的勇氣，其實是一件了不起的事，有許多人受傷一兩次之後，就放棄了繼續嘗試。但我認為，凡事最好的狀態都是中庸，而中庸在這個情況裡，指的是：「給自己時間沈澱、思考、汲取經驗，不需要沉溺於悲傷之中，但也不要忽視悲傷，讓悲傷自由的來，等它想離開，就讓它自由的離開，然後再勇敢踏入下一段關係。」

願意談戀愛很好，畢竟人人都想建立親密關係。但如果你開始厭倦了不斷戀愛、分手的循環，那麼鼓起勇氣試試這些方法，或許會讓你的生活變得跟以前不一樣。

離開我，我不怪你，
我只怪我留不住你

過度檢討

○
○
○
○
○
○
○

分手後，大家多半都會檢討一下這段關係是出了什麼問題？為什麼最後會走到這一步？

同樣是檢討，有些人檢討的是別人，有些人檢討的是自己。「自我檢討」在我們的社會裡，可說是件必要的事。每次有人在吵架的時候，總是會聽到某一方說：「你怎麼不檢討一下你自己？」「只會說別人，自己檢討一下好不好！」只要不懂得檢討自己的人，在吵架的時候就一定站不住腳，而且看起來就很沒品。

或許是這個緣故，有些人不僅凡事都會檢討自己，甚至會檢討到太過頭的程度。他們習慣把事情都攬在自己身上，不管這些事到底是不是他們的責任，他們都會想著：「就算我那時候生病，也該再多體諒一點他的心情」、「如果他不找工作的那一年，我有多點耐性，不要責怪他就好了」、「如果我學歷很好，可以配得上他，他就不會想要去找別的女人了」，即使把事情搞砸的其實是別人，他們也會認為自己得負上一點責任。

　　這個狀況不僅會出現在失戀之後，也出現在生活中的大小事之中──認為如果自己能力足夠，就可以去補其他同事不足的地方；想著如果自己夠有錢，就可以幫家中還清負債；覺得如果不是因為自己不乖，父母就不會離婚……。這些大大小小的事，都能讓他們認為是因為自己不夠好、不夠聰明，不管什麼事，這些人都可以怪到自己身上。

　　這樣的現象，很容易出現在小時候比較內向的人身上。當父母親發生爭執、彼此怪罪的時候，就會造成孩子的混淆：「爸爸說都是媽媽不好，但媽媽又說是爸爸不好，那到底是誰不好？最後他們都對我生氣，結果是我最不好！」這個想法會導致孩子的自我價值低落，很容易認為一切不好的事情，

都是因為他們的存在造成的，最嚴重的狀況，還有可能讓孩子產生「自己不應該存在」的想法。

而這個想法會一路伴隨著人們長大，在整個成長的過程中，這類人都很容易把錯怪到自己頭上。但這些他們認為是自己錯的事，大部分其實都不干他們的事，有許多甚至根本超越了他們的能力範圍，可是他們無法理解。他們沒有辦法準確的區分責任的界線，也沒辦法做到課題分離，所以他們必須為那些不屬於自己的錯誤承擔責任，這不僅沒有讓事情被解決，反而導致他們變得更加無力——他們會認為，自己是沒有能力改變事情的，是沒有力量的。

當一個人處在自我價值低落的狀態下，就很容易產生一連串的負面情緒——憤怒、悲傷、無力、絕望、自責、不知道自己存在的意義是什麼……等等。這些情緒和想法，會剝奪人們的希望和力量，因為認為自己沒有能力，就連真正能做的事情也做不了，進而產生一個負向循環。

這種狀況的核心情緒是自責——認為錯誤是因自己而起，所有的問題都與自己有關，所以自己的存在本身就是個問題。而過度的檢討，則是他們不斷重溫「自責」這種感覺的方法，因為他們並不知道在不好的事情發生之後，除了怪罪自己以

外，還能做些什麼，所以自責成了他們努力負責的方式。

自責的人還有另一個特點，那就是他們的檢討是不具力量的。

有另一種人在失戀後，也會過度的檢討自己，把整段戀情的失敗歸因於自己，但這通常會發生在這個人想挽回舊情人的狀況下。因為唯有把責任承擔下來，整件事情才能看起來有轉機，畢竟如果原因出在對方身上，只要對方不想改變，那自己就沒轍了，戀情也只能告吹。所以如果自己能承擔更多的責任，那就表示自己有更多的努力空間，而挽回的可能性也將遠比問題出在對方身上來得高。

這些想挽回的人之所以要承擔過多的責任，是為了讓自己有力量、為了讓自己相信還有機會、為了讓自己努力下去，但自責的人並不是這樣。

自責的人在承擔了責任之後，並沒有辦法想出改進的方式，他們會直接將失敗的原因導向：我好爛、我不夠好、我沒有價值、我不值得被愛、我是個垃圾、我好廢、沒有人應該要愛我、我罪有應得、我應該去死，而不是認真看待整件事情，並找出自己能做的事。

舉個例子：我以前如果講座辦得不成功、講得不好，我

會把自己關在家裡，躲在棉被裡面責怪自己三天。這三天裡，我滿腦子想的都是：「我是個廢物」、「我好爛」、「我好想去死」，我無法做任何有建設性的思考，渾身上下都被羞愧感跟罪惡感給佔據。在這種情況下，當然也不可能想出什麼改進的方法，我只會覺得自己再也不要做這件事，或我再也沒資格做這件事。

沒有任何一種情緒比自責更糟糕了，它是最傷害自己的情緒，重點是它還毫無意義。自責會綁架我們所有的創意和力量，它和羞愧感是同伴，它們會聯手讓一個人喪失價值感，認為自己一文不值。

而當一個人認為自己毫無價值時，他就不會愛惜自己，因為他相信自己不值得。只要他無法學會自愛，就沒辦法好好的去愛別人，當然就沒辦法建立一段良好的關係。

如果你有上述的問題，那麼我有些建議要給你：

在做任何事之前，你都要先建立一個概念：「問題就是

問題，人不是問題。」不管遇到了任何問題，或生活中有任何挫折，那都不代表你是個問題，或是你的存在是有問題的，那僅僅是你遇到了一個問題而已。

這個概念對於自責的人來說是最重要的，因為自責的人往往分不清問題和人的差別，總是把問題和自己混淆，所以會產生「自己不好」、「自己不該存在」的念頭。但事實上，有問題的並不是「人」本身，即使任何一個人有任何的問題，那都不代表他就不該存在，只代表了他有個問題需要解決。而只要這個問題解決了，就沒有問題了。

這個概念說起來簡單，做起來卻難，因為自責常常是一種根深蒂固的想法，它往往在人們根本還沒有意識到自己在自責時，就已經開始行動了。

所幸，自責的出現往往有跡可尋，它通常會以一些攻擊性的言語來展現自己。

它會說些沒什麼建議性的話來攻擊你，例如：「你看！你又把事情搞砸了！」「都是你的錯！」「你真是沒用！」「你什麼都做不好」「不會有人愛你！」「你爛透了！」……等等。

把你擊倒的往往是這些聲音，在你感到難過愧疚的時候，這些聲音總是會適時的出現，狠狠的補你一刀，讓你軟弱得

再也爬不起來。但也幸好有這些聲音，可以讓我們清楚的認出自責正在對我們耍什麼花招，因為它必定得做些什麼，才能真正的攻擊到我們，而它的攻擊手法正是這些言語。

所以從現在開始，你要認出這些聲音（你可以配合本書另一章〈為什麼喜歡的人不喜歡我〉裡的方法），並且在它出現時，大聲的叫它閉嘴。讓這些聲音暫時停止下來，是你要做的第一步，因為你無法一面攻擊自己，一面認清自己和問題之間的距離。

而第二步，則是冷靜下來，思考有哪些事情是自己能做的。

自責之所以讓你無力，是因為你都把焦點放在那些你無能為力的事情上，例如父母的感情失和、同事之間的糾紛、社會的亂象……。說實話，關於這些事，你不是全然的沒有施力點，但那畢竟離你太過遙遠，你很難實際的做出什麼舉動，立馬改變這些問題，所以你的這些煩惱都會讓你變得越來越無力。人類有個習性，只要在努力之後，事情沒有馬上發生巨大的改變，就會降低自我價值，所以你千萬不能專注在那些你暫且還無法影響的事情上。

如果你對於這段關係的結束感到懊悔，並且認為自己應

該負上一些責任，那麼就認真的想清楚，具體來說你該負的責任到底有哪些？而不是籠統的認為自己是錯的、不好的，那對於任何事都沒有幫助。

假設你認為你在這段關係裡，該負起的責任是「沒有好好溝通」，那麼你就開始思考，哪些時候屬於「你可以好好溝通，但你卻沒做到」的，並且列出下次如果再遇到相同的狀況，你可以怎麼做，以及你「願意」怎麼做。

「願意」在這裡也是個非常重要的關鍵，因為自責的人通常都伴隨著討好的行為，一旦他們認為自己沒做好，下次他們就會盡可能的去滿足對方、討好對方，讓事情不再像上次一樣。但這個行為對關係來說不見得是有益處的，它很有可能只是在壓抑自己的感覺，讓自己盡量往「好的」、「正確的」方向前進，卻忽略了自己的需求和感受。這只是在形式上發生改變，不代表關係的品質就會因此提升，因為一段關係裡是有你、有我、有我們，在關係裡的兩個人都是同樣重要的，如果只是透過壓抑某一方來滿足另一方，讓關係在表面上看起來和平，到最後還是會因為長期積累的憤怒及壓力，導致關係破裂。

會自責，某方面也是因為覺得自己是個受害者，只是因

為不知道要把問題算誰的，只好丟到自己頭上。只有受害者會覺得自己是無力的，任何一個加害者都是有力量的，他們能決定要對誰加害，以及停止對誰加害，但受害者只能被動的等著別人不再迫害自己，所以受害者才會這麼無力。

所以，把注意力集中在那些你能做，而且你也願意做的事上頭，並且努力去做，才有可能讓你脫離不斷自責的窘境。當你去做你能做的事，你的生命就必定會改變，許多原本糟糕的事情，也會開始出現轉機，這時，你就會開始感覺到自己是有力量的。

一旦你看到原本的問題一個個被解決，你才會開始體驗到什麼叫作「問題就只是問題，人不是問題」的真諦。

如果可以，
我願用盡一生的歲月想念你

走不出傷痛

大部分的人失戀的時候，都需要一點時間來平復自己的心情，一般來説，最難過的時間可能會持續一到三個月，接下來大致上就能恢復平常的狀態，繼續維持生活。

有些人的速度特別快，只需要幾週，甚至是幾天的時間就能好起來，並且迅速進入下一段關係。通常會讓自己每一段關係間隔短、空窗期過短的人，都有害怕寂寞的狀況，這在本書的另一篇〈無法單身〉裡有提到。

但也有些人的狀況剛好相反，失戀的時間非常非常長，

甚至長達數年，無論如何都走不出來。

　　與對方分開之後，過去的每一個美好回憶都被放大，不管走到哪、吃到什麼、看到什麼，都足以讓他們想起過去與對方有過的回憶。這聽起來是每一個失戀的人都會經歷到的，差別在於他們持續這樣痛苦狀態的時間，可能是一般人的數倍之久。

　　在這種人的世界裡，除了這個舊情人以外的事，好像都變得不再重要。他們無法忘懷過去種種的美好，也不打算再接觸新的人，認為所有人都比不上自己的舊情人。一般人花個半年就能重新站起來，他們卻無論如何都做不到。

　　在失戀的這段期間裡，除了心痛之外，他們心裡的想法都是：「我再也找不到這樣的人，或是這麼好的關係了，沒有人可以像對方一樣。」

　　人們會以為這種人特別專情，或是覺得這個舊情人非常特別，所以才會導致這種「久久無法忘懷」的現象，當事人也很容易產生這種錯覺。但事實上，會發生這種情形的，不見得是特別專情的人，而在其他人的客觀角度來看，這個舊情人可能也真的沒有那麼特別，會引發「一直走不出失戀」這個狀況的，其實是當事人本身的過去課題。

「戀愛」是僅次於原生家庭的最親密關係。在戀愛關係裡，人們會體驗到最沒有界線的過程——我們會展露出自己最真實的情緒、最不理智的模樣、最深的渴望——**這就是為什麼很多人需要談戀愛的原因，唯有在如此深入的關係裡，才能讓他們有機會去滿足那些身為一個成人，無法在外界展現的需求。**

　　我們在愛情之中，其實都是想修復那些在原生家庭裡，曾經有過的缺憾。在原生家庭裡缺乏認同的人，在感情裡就需要巨大的認同感；被強迫過於獨立的人，在感情裡就想要能夠依賴；從小被教養成必須成熟懂事，也就是被迫長大的人，在感情裡就會變回小孩……。**每一個我們在感情裡會出現的樣貌，都代表了我們過去認為自己未曾得到的事物，以及沒被滿足的面向。**

　　有些人會將在原生家庭裡沒有滿足的需求，轉移到工作或理想上，企圖用其它方式來完成自己的遺憾。但任何與情感層面有關的事物，都必須經由同為情感層面的關係來滿足，所以那些在家庭關係中的缺憾，仍然會轉移到愛情裡。

　　那些一直走不出失戀的人，無法忘懷的，其實是在那段關係裡，曾經被愛被重視的感覺。這種美好的感覺在他們的

人生中鮮少出現，卻足以讓他們忘記其它層面的不愉快與痛苦，產生一種：「就算我是這樣，也能夠被愛」的感覺。它就像任何一種成癮行為一樣，帶給他們忘卻一切痛苦的能量，才讓他們一直沉溺於其中。

如果你正處於一直走不出上一段戀情的狀況之中，那麼或許我直接分享我的經驗，你能夠更了解我在說些什麼：

我有過兩次一直走不出失戀的經驗，第一次是在我唸書的時候。

那時候原本跟我兩情相悅的女生交了男朋友，並且告訴我：「其實我以前很喜歡你，我一直在等你開口。」這件事讓我懊悔不已。我從來沒有想過原來自己可以被這麼好的人喜歡，而我卻因為缺少了開口的勇氣，讓一段原本應該美好的、屬於我的戀情，就這樣離我而去。

那一次，我有整整半年的時間過得生不如死，長達兩年的時間過得像行屍走肉，甚至還得了憂鬱症。

一開始我覺得自己很荒唐：「一個人的人生到底要多沒目標，才會因為失戀得憂鬱症？」直到我憂鬱了一年多之後，某天我突然發現，其實這段戀情的失利只是導火線，真正導致我憂鬱的，是我過去人生所有累積起來的負面情緒及經驗。

我花了大概兩年的時間，讓自己漸漸脫離憂鬱，而其中最有成效的方法，是我選擇了休學，離開原有的環境，去找一份工作，讓自己有事做。

　　當我的注意力轉移到工作之後，我確實變得比失戀那段時間來得有力量，憂鬱的傾向也大幅降低。取回自己的力量之後，我的人生又回到了正常的軌道，有長達七年的時間，我憂鬱的狀態變得很輕微，直到我第二次面臨相同的狀況。

　　第二次的情形，仍然是與我關係很好的女生，最後跟我決裂。但或許因為有了第一次的經驗，這一次我並沒有讓自己像塊爛肉一樣頹喪下去，因為我發現頹廢並沒有辦法幫助我得到自己想要的關係，於是我採取了與上一次完全相反的方法——不讓自己成為一個只會躺在那的受害者，而是積極的採取任何可能有助於這段關係的行動。

　　這樣的作法看起來很正面，但我卻沒發現，我當時這麼做，其實只是不願意承認自己失戀了、不願意接受這段關係已經告終，所以才不斷地尋找可以逆轉局面的方法。

　　這一次的我，雖然沒有憂鬱也沒有喪失自理能力，但其實我只是用了個看起來比較積極的方法，來讓自己能夠維持「看起來正常」的狀態，本質上仍然是困在這段戀情裡，而

這次還長達了三年。

在這兩次的經驗裡，我分析出了一些共同點：

一，這兩次事件發生的時候，我生命裡的其它事都有點糟糕，學業或工作都不太順利，父母本身的情緒狀態，以及和我的關係，也非常不穩定，所以我大部分的時間都花在與對方相處上，藉由與對方相處來讓自己感到快樂。

二，這兩個對象都非常的包容我（但她們心裡有沒有不爽我不知道），不管我如何哭鬧任性，她們都表現出了接受的姿態。同時，她們都犧牲了非常多的時間陪伴我。

三，關係告終後，我都一直不斷的回想過去與對方美好的回憶，以及曾經被關心、照顧的感覺。但有趣的是，其實在我其它的關係裡，我並沒有不被關心和照顧，甚至因為已經進入了交往，其他人關心和照顧我的程度是更高的，最大的差別只在於，這兩個讓我進入長期失戀的對象，因為並未進入交往關係，所以未曾發生過爭吵。簡單來說，這兩段關係從我的立場來看，沒有任何缺點。

當這些共同點被列出來之後，其實就能對照出很多在失戀當下，我所沒能看到的事實：這兩段關係都發生在我生活一團亂的時候，與對方相處時的開心被平常生活的痛苦所襯

托，讓我產生了「這個關係非常好」的感覺。加上沒有發生爭執，更是神化了這兩次的關係。

　　而我在原生家庭的遺憾，在第二點之中完全的浮現——我需要被包容，以及我感覺愛的方式是長時間的陪伴和犧牲。這些都是在我成長過程中最缺乏的東西。

　　於是我發現，其實我走不出的不是失戀，而是我必須透過不斷想著那些被愛的感覺，來讓自己繼續活下去。我走不出來的其實是我人生的課題——我缺愛、需要被包容、無法處理家庭關係、人生沒有重心，以及對於被遺棄的恐懼。我的人生裡充滿了無力感，如果缺少了對方那樣的關愛，我不知道該如何活下去。

　　「戀愛」是生命中的一部分，它與其它事情同時存在。但在人們的概念裡，工作、友誼、家庭、戀愛、興趣這些人生項目，全都被當作獨立的事項來處理，我們甚少發現它們之間的關聯性。所以當人們失戀一直走不出來的時候，幾乎沒有人會去思考，這件事和生命中的其它事是否相關。

所以，當你身陷走不出失戀的窘境時，你需要先做幾件事：一，找出這個對象最讓你感覺到「自己被愛」的狀況，以及原因；二，回想一下，在談這段感情或分手時，你的生活是什麼樣？有沒有發生什麼事？你過得是否順利；三，當你失去對方時，你腦子裡不停出現的念頭是什麼？是「我再也找不到這樣的人」、「不會再有人比對方更愛我了」、「果然沒有人會真的愛我」、「我搞砸了」、「我不可能再找到更好的關係了」，還是其它？不管是什麼，你得去發現為什麼你會這樣想，這中間藏了你之所以走不出來的原因。

　　「一直走不出來」是一個人生課題，「失戀」只是把你對於自己的不滿，以及其它問題所造成的不適感放大，真正讓你痛苦的並不是失戀本身，而是所有事情的相加。

　　一旦我們沒有發現「失戀」只是導火線，而非主因，我們就會因為無法找出讓自己如此痛苦的原因，而過度的詮釋這段關係，並且把它神格化。將對方或關係本身神格化，對於解決沒有任何益處，只會加深我們的罪惡感和挫折感，因為是我們自己將「完美的戀情」給破壞掉的。

如果你想處理人生的課題，那麼你可以參考本書其它章節的作法，都會對你有益處。在這裡，我想針對「一直走不出失戀」這件事，提供一些想法：

　　「我們眷戀的，其實不是對方本身，而是這段關係所帶給我們的感受。」這是一個非常重要的概念。

　　我絕對相信人類會愛另一個人類，但如果你一直走不出來，大部分的情況都不僅是因為你愛另一個人類這麼簡單，而是因為這段關係帶給了你前所未有的絕佳體驗。正因為「前所未有」這四個字，導致你無法相信這世界上有其他人可以給你相同的感受，所以你執著於對方這個人，因為你認為：「只有這個人可以跟我建立出這樣的關係，其他人都沒辦法，不然我怎麼可能都沒遇過。」

　　的確，一段關係是由兩個人共同建立的，但那不代表只要不是這個人，類似品質的關係就無法成立。如果我們把重點擺在「一段令我與對方都感到舒服的關係」上，而非要求這段關係的每個細節，那麼其實有非常多人都能與我們建立這樣的關係。這就像，如果一個想賺錢的人，把重點擺在「賺錢」上，而沒有硬性去規定自己得用什麼特定途徑去賺錢，那麼他可能會找出一百種方法讓自己賺到錢；但如果一個人

把重點擺在「靠寫書賺錢」上，當他的途徑被鎖定，一旦他沒辦法靠這個途徑完成目標，那他可能就一輩子賺不到錢，直到他終於學會寫書，或是想通的那天。

這也是為什麼前面要你找出「對方在什麼時刻最讓你感覺被愛」的原因，只要你能找出你要的是什麼，那麼我們就可以試著從其它途徑去滿足，不需要把所有希望都放在對方身上，認為自己只要失去了對方，這輩子就再也無法圓滿。

而另一個關於「走出來」的重要條件，則是你本人的意願。

老實說，我沒有覺得失戀一定得要在多久內走出來，畢竟失戀沒有截稿日，也沒有編輯會來催你，你的人生、你的時間，都是你自己的，你可以愛怎麼使用就怎麼使用。

有時候人生就是這樣，會突然覺得很累、突然想放縱自己、突然想休息，那就順著自己的心情做，也沒有關係。或許你根本不是走不出來，只是你還需要一點時間，讓自己能夠好好接受這件事、好好跟這段關係告別。

如果你還想要待在難過裡一下子，好好感受自己的悲傷難過、體驗愛一個人的心情，才能慢慢把它放下，那麼就繼續吧！因為當一個人沒有意願時，是根本不可能走出失戀的。

走出失戀靠的其實不是酒精、不是下一段戀情，也不是勇氣，而是「我願意」。無論身邊的人怎麼說、怎麼勸，也無論你看了多少文章、多少書告訴你做法，只要你的心裡沒有出現「我願意讓自己站起來、好起來、走出來」的想法，你都不可能走得出來。

　　如果現在的你還不願意，那就再難過一下吧！等到你真的不想再難過了、不想再浪費時間了、覺得自己該往下一個地方前進了，再回過頭來翻翻前面的內容，你就會知道自己該怎麼做了。

如果某天我學會了愛自己，
那麼我就可以把它分享給你

愛自己

○
○
○
○
○
○
○

　　我常在臉書上看到一些很正能量的文章，例如「懂得愛自己，才會有人愛你」、「女人愛別人要先學會愛自己」、「愛自己，做自己最好的朋友」，以及一堆語錄：「男人如果不愛妳，妳就先要學著愛自己」、「好好愛自己，那個懂得珍惜你的人會來接你」、「就算沒有人欣賞你，也要懂得好好愛自己」、「就算他不喜歡你，你也要學會愛自己」。我上網隨便 google 就能找到二十頁以上的搜尋結果，顯然在這個年代，「愛自己」已經和「發大財」一樣琅琅上口。

更有趣的是，「愛自己」和「失戀」幾乎是同時存在的。只要有任何一個人失戀了，那他一定會聽到有人跟自己說「要愛自己」。如果我是 google 廣告商，當我想宣傳任何一個跟「愛自己」有關的產品時，我一定會下失戀這個關鍵字。

但為什麼會這樣呢？為什麼失戀的時候，人們就開始搜尋愛自己，或開始對自己說「我要愛自己」？

基本上，當一個人需要告訴自己「我要愛自己」的時候，大概就是他覺得沒人愛他的時候。因為沒有人愛自己，所以只好自己愛自己，那是一種「沒關係，就算都沒人愛我，我也還有自己」的概念，這就是為什麼失戀跟愛自己會綁在一起的原因。

在失戀的當下，人們為了安慰自己、試圖讓自己好起來，就會去尋找一些方法或是可信的東西，讓自己感覺「即使失去了對方，自己也能活下去」。

但不知道是現代人喜歡故作堅強還是怎樣，通常當我聽到人們在說要愛自己的時候，我聽到他們背後的潛台詞，其實都是：「哼，你不愛我沒關係，反正會有其他人來愛我！」然後他們會開始吃好穿好出國玩，拍照上傳 IG 打卡，並且轉發各種愛自己語錄，好顯得自己過得很好，其實通常只是不

想被人瞧不起。

當然，也有一些人在面對到「愛自己」這件事的時候，不是採用上述的方法進行。他們遇到的狀況比較麻煩，那就是他們根本不知道怎麼愛自己。

還記得幾年前，我媽的情緒不是很穩定，也因此常常情緒勒索我們孩子。經年累月下來，即使我們知道她不是故意的，也無法再負荷了，所以有很長的一段時間，我們和母親之間幾乎沒有什麼往來。

某一次，我媽打電話來，跟我說她覺得很無助，她不知道自己要怎麼辦才好。當時的我就套用了「愛自己」這個流行語跟她說：「妳要愛自己啊！」

我媽回了我一句：「愛自己要怎麼做？我不會，你可不可以教我？」

當下我愣住了，我從來沒想過「愛自己」具體來說到底是什麼。好像大家都說愛自己就是讓自己吃大餐、出國玩、買想買的東西、尋找自己的興趣，所以我也是這麼想的。我沒想過有人會問別人要怎麼愛自己，我以為這是個常識。

於是我用了不太確定的口吻回答我媽：「妳要找出妳的興趣啊！妳的重心不可以只放在小孩身上，妳要有自己的生

活。」我媽說：「可是我沒有想做的事，我也沒有興趣，我覺得你們都長大了，我等我媽媽走了，我就可以死了。」

頓時之間，「愛自己」這個問題變得好難。經她這麼一問，我也不知道人為什麼要愛自己了。如果一個人連活下去的動力都沒有了，那她為什麼還要去想怎麼愛自己？

後來我才發現，我媽的問題，其實也是大部分人的問題——雖然所有人都好像知道愛自己是什麼，但其實大家都不知道那到底是什麼。所有人都有疑問，而且都在試著尋找解答。

大家都知道，愛自己是對自己好，但為什麼有時候，我們即使去吃了大餐、買了名牌包、花大錢做頭髮、出國瘋了幾天，也仍然沒辦法一直感到快樂呢？為什麼我們還是會覺得寂寞、想要人陪？為什麼我們還是會想要有個人來愛自己？

其實人們感覺到愛的方式，多半不是物質，物質只是一種媒介，或是一種證明，我們感覺愛的方式是心意、能量、陪伴、同在、支持。所以，**我們需要的愛，並不是單純物質，而是物質背後所要傳達的「在乎」。**

這就是為什麼我們吃大餐買東西，即使能讓自己一時爽快，也無法真正達到「愛自己」的原因，畢竟我們在吃喝玩

樂的同時，並不是用一種呵護自己、照顧自己的心情去做的。對多數執行這件事的人來說，這些行為更像一種情緒發洩——我要對自己好，所以我要去發洩我的不滿，所以我要讓自己放肆。我們以為只要自己不再不爽，就會快樂，但不爽跟快樂根本是兩回事，就像「不再胖」不代表「就很瘦」一樣。

所以從頭到尾我們都搞錯了，純粹的消費並沒有辦法讓我們感覺到「愛」，即使滿足我們物欲的人不是自己，而是另一個人，也很有可能因為我們沒有感覺到對方的心意，而認為對方只是想打發自己。

但更悲哀的是，大部分的人其實都不知道要如何「在乎」自己，多數人根本沒有受過什麼處理自己情緒的訓練。從小到大，沒有人跟我們說過要如何陪伴自己、體察自己、支持自己，所有關於「自己」的事，好像都是自然而然就要學會的。那些我們所學習到的，都是如何壓抑自己的情緒、如何當一個成熟的人、如何表現得體、如何看起來有家教、如何讓別人喜歡，但從來沒有人教過我們，到底我們該如何喜歡自己？與其說我們不願意照顧自己，不如說我們根本不懂得如何照顧自己。

如果你也困惑於「如何愛自己」這個議題，那麼你可以參考以下的方法：

「愛自己」之所以很難，是因為我們不知道具體該做些什麼，只好以我們會愛別人的形式，試著對自己做一遍。但這個順序其實應該相反過來——當你知道怎麼樣你會感覺到被愛，你才能知道如何去愛別人，否則別人接受到的不見得是他們想要的愛。

為什麼這麼說呢？我想大部分的人應該都有個經驗：父母會給你一些你不想要的東西，但告訴你這是為你好。例如送你去補英文學鋼琴、每天便當幫你帶青椒和糙米飯、強迫你吃營養的水果、買他們認為有意義的書給你……等等。長大後的我們，都能理解當時父母的好意，但在那個被強迫的當下，我們只會覺得很不舒服、很討厭、很想逃，甚至會覺得父母根本不了解我們，並因此感到孤單。

當我們從小學會的愛是這個樣子，那麼我們長大後對伴侶的行為，也有極大的機率會是類似的形式，因為這是我們唯一知道愛別人的方式。煮滿桌的菜給對方，不管他吃不吃

得完；買各種補品給對方，不管對方喜不喜歡；出錢邀對方出去玩，不管他是不是只想待在家……。

這樣的作法也不只出現在對待伴侶的時候，我們對待自己也是一樣——讓自己去做那些羨慕別人的事，卻不管自己心裡真正想要的是什麼。

就像前面提到的：愛的重點不是物質，有時候甚至不是形式，而是一份心意。我們自己要的，不僅僅是美食，或是隨心所欲，更是自己的感覺能夠被感覺、能夠被承認、能夠被接納，自己的想法能夠被看見。

愛自己的方式其實非常簡單，只要好好吃飯睡覺，不欺騙自己的感覺，常常感覺自己在想什麼，不去壓抑它，盡可能去做自己想做、喜歡做的事，這樣就是愛自己。

好好吃飯睡覺，代表的是照顧自己的身體需求。身體也是自己的一部分，它和我們的心靈一樣重要。它不見得需要很豪華的食物來滋養，但至少得給它讓它覺得舒服的；它不見得需要睡在很華麗的房間或床墊上，但它需要你能夠安安靜靜的讓它放鬆、讓它休息。

不欺騙自己的感覺，常常感覺自己在想什麼，不去壓抑它，代表的是與自己同在，完全的對自己誠實，同時也無條

件的支持自己。感覺自己在想什麼，並且不去壓抑它，不代表你就一定要去執行它，那只是你的想法、你的感覺，它就是存在。或許它與你主流意識裡的概念有些衝突，但那不表示它要跟你唱反調，它只是忠實的呈現自己的聲音讓你聽見。接受它，它就會安靜下來，而你也會知道自己該怎麼做。

　　盡可能去做自己想做、喜歡做的事，代表的是去尋找屬於自己的快樂方式。每個人感到快樂的方法都不同，只要不違法、不傷人，我們可以盡情的去做任何事，而不用在意那些標籤或是規定。

　　很多人做的事，都是「應該」做的事，而不是想做的事。例如明明想對男友破口大罵，但因為覺得自己應該要好聲好氣的說話，而選擇壓下脾氣；或是明明喜歡宅在家，卻因為覺得自己不應該像個宅男，而一直去社交場所。

　　我的意思並不是我們完全不該去做自己該做的事，而是當我們被那些「應該」阻擋了自己真正想做的事時，我們的人生很容易會不快樂，我們變得不是為了自己而活，是為了某些規定而活，那些規定甚至還不見得是真實存在的。

　　我們的確還是有很多的義務，例如養活自己，但在義務之外，仍然有非常多的選擇，甚至要如何履行我們的義務，

也是可以選擇的。

　　沒有任何人的人生應該活在「應該」裡，如果我們連自己想做什麼、喜歡什麼，都不能去做，那麼我們到底是為了什麼而存在？難道我們活著，就只是為了看別人快樂嗎？而這一點，也是為什麼大部分跟「愛自己」有關的文章語錄，受眾都是女性的原因——比起社會期待能夠努力發展事業及社會地位的男性來說，普遍對於女性為了家庭奉獻的刻板印象仍然深植人心，以致於女性似乎一直都在關係裡扮演著「照顧者」，或是「滿足他人」的角色。

　　盡可能做想做的、喜歡做的事，也不代表這些事必須是你長期的興趣，有時候就只是一時興起。或許你今天起床，突然很想吃大腸麵線當早餐，那麼就去買，這不表示你往後的每一天，早餐都要吃大腸麵線。

　　當然，如果你在做了一些事之後，覺得它很棒，你之後還想做，那麼就繼續做下去，然後它就會變成你的興趣。興趣並不需要特別去培養，只要你想做一件事，你就會常常想到要去做，就像喜歡吃什麼不需要培養一樣，就只是因為你喜歡、你想要，所以你去吃了，你就知道自己喜歡吃什麼了，就只是這樣。

當你能夠不斷的感覺自己的想法，不去壓抑它，然後盡量去做自己想做的事之後，你會意外的發現，你的日子不僅變得比較快樂，連做很多事情的效率都變高了。

大部分的人都會擔心，如果自己不去做應該做的事，而是做想要做的事，自己會不會就此沉迷於其它事情之中，而荒廢了正業。

我有一個學生就曾經有過這樣的擔憂。當時他在準備畢業論文，但每當他坐在圖書館裡，他就會一直想出去玩，可是他又知道這樣不行，所以就強迫自己繼續面對論文，即使一個字也寫不出來。

我聽完之後就跟他說：「那你就出去玩啊！」他憂心忡忡的說：「可是我的論文還沒寫完。」我說：「可是你坐在那也什麼都沒寫啊！那幹嘛不出去玩？你就快樂的去玩，而且玩的時候不要有罪惡感，等你玩夠了再回來寫就好了。」

他半信半疑地照著我的話去做之後，發現自己其實根本不會玩太久，有時候出去晃個兩小時就玩夠了，然後就可以回來專心寫論文。在他實行這個方法之後，他的論文不但如期完成，品質還相當的好。

同樣的事情，我讓很多學生都做過，每次得到的回饋都

差不多。這個邏輯其實就像肚子餓一樣：當我們餓了，我們就會想吃，但就算我們再餓，我們也沒辦法吃下一整頭牛或整間店，所以只要吃到了我們感覺飽的量，我們就會停下來，並且不會再因為餓而感到不舒服。

如果你去做了自己喜歡的事，並且一直不想停下來，去做你該做的事，那麼你要先留意兩件事：一，你是真的喜歡這件事，還是藉著這件事來逃避你該做的事？二，在你去做喜歡的事的時候，你心裡有沒有有罪惡感？如果有，就放掉它。如果沒有，那表示你需要時間休息，你已經太久沒有做自己喜歡的事了，請繼續進行，給自己足夠的時間好好的放鬆、回到自己。

「愛自己」沒有想像中的難，但要穩定的愛自己，卻需要長時間的累積。但只要你能持續地進行這些項目，療癒自己、讓自己變得更加成熟，也只是時間上的問題了。

後記

　　看完這整本書之後，或許你會發現一件事──在本書裡，有很多東西不斷重複的出現，例如父母、情緒、負責、過去記憶、成長經驗，以及許多類似的方法，像是接納、允許、面對恐懼、察覺自己、做想做的事⋯⋯等等。之所以這些東西的出現率會如此高，並不是我偷懶的緣故，而是這些東西就是如此重要。

　　就像一棵樹會結出無數個果子一樣，一個問題也會衍生出無數個現象，而最常導致我們出現感情困難的因，就是我們的原生家庭。

　　原生家庭是建立我們對自己看法的最初、也是最重要的環境。父母看著我們的眼神是否關愛、家庭氣氛是否和樂、父母是否時常爭吵、自己有需求的時候是否能被協助⋯⋯，都會影響一個人認為自己是否有價值。

當我們認為自己沒有價值，自然會產生一連串的因應策略，以便我們能在「社會」這個系統中生存。

而既然原因都是相同或類似的，自然就會有許多作法是雷同的。即使每個人的問題看起來再怎麼千奇百怪，當我們將一切梳理清楚之後，會發現所有的問題在根本上都是相同的——**那就是缺乏愛與不認識自己。**

或許你並不是來自一個很友善歡樂的家庭，而這個環境也為你帶來很多的困難與挑戰。對此，你可能感到很憤怒，或是怨懟，認為自己很衰，居然生長在這樣的家庭裡，導致自己得比別人來得辛苦，各方面也比其他人更不如意。

以前我也是這樣想的。幾年前，當我拚了命在處理這些難解的問題時，也常常會有這樣的心情，覺得老天不公平，為什麼我就得經歷比別人更多的苦難？為什麼別人能夠好好談場戀愛、順順利利的結婚生子，而我就得過得這麼辛苦？

但隨著治療漸漸發揮效果，過去的創傷慢慢療癒之後，我對於這些自己經歷過的事，開始有了新的想法。

每個我所遭遇過的破事，都是我很重要的機遇——在不穩定的環境中長大，我磨練出了察言觀色的能力；高中時失敗的戀情，讓我在很年輕的時候，就努力去學習怎麼吸引異

性；在職場上的不順，逼得我不得不離開當時的工作，但也成了創立工作室的契機；大量失敗的戀情，迫使我必須去發覺自己到底出了什麼問題，但也因此有機會治好自己。

《心靜致富》裡有一句話是這樣說的：「每個磨難的背後，都藏有同等或更大福分的種子。」

這些事在發生的當下，實在很難覺得它會藏著什麼福分種子，但在一次又一次的努力克服後，我發現自己的的確確是在不知不覺中不斷的成長。

對任何人來說，我想這個道理都是適用的。每個人為了在各種不同的環境下存活，必定都發展出了不同的技能及策略，只是這些技能的獲得，並不是我們有意識的，所以我們忽略了這些糟糕的環境，除了給我們帶來痛苦以外，也順便送了我們一些禮物。

或許此刻的你，還不知道這些際遇要帶給你什麼？而它們在未來，又會派上什麼用場？但只要你能好好的活下去，努力的克服自己的問題，走自己的旅程，它們必定會在不經意的時候出現，讓你慶幸自己曾經有過這樣的經歷。就像過去的我根本不知道，這些曾經發生過的衰事，到了現在，會讓我有機會寫出一本書，並且幫助到一些困在問題裡的人。

當然，我也沒有矯情到會要每個人都去感謝生命中的痛苦，畢竟如果可以的話，到底有誰想要難過呢？所以現在的你，或未來的你，如果對這些事感到憤怒，那就憤怒吧！如果你覺得憎恨，那就憎恨吧！如果無法釋懷，那也不需要勉強自己釋懷；如果無法遺忘，那就不用逼著自己忘掉；如果無法原諒，那就不需要原諒。

沒有任何一件事是非做不可的，這本書不是為了逼你改變而寫的，它是為了在未來的某一天，當你想要讓自己變得跟以前不一樣時能夠找到方法而誕生的。

在本書的最後，有一句話想要送給那個傷痕累累的你：「每個受傷的人為了活著，都已經竭盡全力了。」所以當你覺得自己表現不如預期時，別責怪自己，你已經很努力了。

改變是條漫長的路，而且看不到盡頭。當你走上這條路時，如果覺得很孤單，就翻開這本書，看看曾經有人跟你一樣辛苦，而他成功的克服了自己的問題，現在正努力的過著他的人生，未來的你也一定可以的。

祝好

特別感謝陳怡年醫師，提供了許多不同症狀的分析、自身的經驗，以及各種平凡卻有效的解決方法。

也感謝本書的編輯淑媚，忍受我這種不受控制的作者，在我寫不出來的時候，不厭其煩的陪我開會。

最後感謝每位願意相信我、願意來找我的學生，讓我有機會更清楚的找出各種戀愛問題的脈絡，以及發展出更適合的解決方式。

這本書能存在，都是多虧了上述的各位。也謝謝我的人生路上，每一位讓我更成長的人。

為何戀情總是不順利？

作者—— AWE 情感工作室 · 亞瑟
美術設計—— 張嚴
責任編輯—— 楊淑媚
校對—— 亞瑟、楊淑媚、李家萁
行銷企劃—— 林舜婷

第五編輯部總監—— 梁芳春
董事長—— 趙政岷
出版者—— 時報文化出版企業股份有限公司
　　　108019 台北市和平西路三段二四〇號七樓
發行專線——（02）2306—6842
讀者服務專線——0800—231—705、（02）2304—7103
讀者服務傳真——（02）2304—6858
郵撥——19344724 時報文化出版公司
信箱——10899 臺北華江橋郵局第 99 信箱
時報悅讀網——http://www.readingtimes.com.tw
電子郵件信箱——yoho@readingtimes.com.tw
法律顧問—— 理律法律事務所　陳長文律師、李念祖律師
印刷—— 勁達印刷有限公司
初版一刷—— 2019 年 8 月 16 日
初版三刷—— 2022 年 12 月 12 日
定價—— 新台幣 320 元

時報文化出版公司成立於一九七五年，並於一九九九年股票上櫃公開發行，於二〇〇八年
脫離中時集團非屬旺中，以「尊重智慧與創意的文化事業」為信念。

為何戀情總是不順利？ / AWE 情感工作室，亞瑟作 . – 初版 . –
臺北市：時報文化, 2019.08　面；　公分
ISBN 978-957-13-7918-0(平裝)
1. 戀愛 2. 兩性關係
544.37　　　　　　　　　　　　　　　108012932